Ostseeküste
Schleswig-Holstein

D1918293

1 Wasserschloss Glücksburg (S. 4
Wie ein weißes Märchenschloss erhebt sich das romantische Schloss im Luftkuro Glücksburg, das einst herrschaftlicher Wohnsitz der Herzöge war.

6 Hohwachter Bucht (S. 76)
Feiner Sand prägt die sanft geschwungene Bucht, die heute als wahres Badeparadies bekannt ist.

7 Eutin (S. 86)
Im Herzen der Holsteinischen Schweiz lohnt die pittoreske kleine Stadt einen Besuch, der bereits Beinamen wie „Weimar des Nordens“ verliehen wurden.

8 Wasservogelreservat Wallnau (S. 94)
Mit allen Sinnen entdeckt man die Natur in dem idyllischen Naturschutzgebiet auf der Insel Fehmarn.

9 Hansapark (S. 107)
Freizeitvergnügen vom Feinsten bietet der Erlebnispark mit einem bunten Mix an Fahrgeschäften und Shows.

Lübecker Altstadt (S. 97
Alte Speicher und mächtige Backsteinhäuser kennzeichnen die romantische Altstadt von Lübeck, die als „Königin der Hanse“ gilt.

4

Kieler Woche (S. 67)
Rund um den Segelsport dreht sich alles bei der Kieler Woche, dem größten Segelsportereignis der Welt, das in der Kieler Förde stattfindet.

2

Angelner Dampfeisenbahn (S. 53)
Nicht nur Eisenbahnfans werden die nostalgische Fahrt in den alten Zugwaggons genießen, die seit 1904 zwischen Kappeln und Süderbarup verkehren.

5

Kloster Preetz (S. 74)
Im Jahre 1211 wurde das prächtige Benediktinerkloster errichtet und verwaltete dann große Teile der Probstei.

3

Wikingermuseum Haithabu (S. 48)
In die Welt der gefürchteten Wikinger taucht man im Freilichtmuseum in Schleswig ein, in dem u. a.. ein originalgetreues Holzschiff mit Drachenkopf ausgestellt ist.

INHALTSVERZEICHNIS

V WANDERN AN DER OSTSEEKÜSTE 112

VI RADWANDERN AN DER OSTSEEKÜSTE 140

Vielfältige Küste
Wasser, Wind & Weite

Zwischen Flensburg und Lübeck erstreckt sich die 328 km lange, abwechslungsreiche Ostseeküste Schleswig-Holsteins. Raue Steilküsten und breite Sandküsten wechseln sich ab, zwischen denen geschichtsträchtige Hafenstädte und beschauliche Dörfer zu entdecken sind. Im Hinterland breitet sich die sanft hügelige, von Seen „gesprenkelte“ Holsteinische Schweiz aus.

Abwechslungsreiche Landschaft

Facettenreich zeigt sich der Küstenstreifen an der Ostsee mit seinen tief eingeschnittenen Buchten und Förden, an deren Enden die großen Städte Kiel, Lübeck, Flensburg und Schleswig liegen. Weite Teile der Landschaft sind von Weizen-, Rüben- und Rapsfeldern überzogen, die im Frühjahr wie ein gelbes Blütenmeer leuchten. Einen schönen Kontrast dazu bilden die Waldflächen, die als Knicks bezeichneten Begrenzungshecken und die unzähligen glitzernden Seen, die zwischen den sanften Hügeln aufblitzen.

Nordische Tradition

Ein riesiges Museumsangebot und die zahlreichen Feste, die vor allem im Sommer die Wochenenden füllen, ermöglichen einen spannenden Einblick in die alten und gegenwärtigen Lebensformen der „Nordlichter“, die längst nicht so wortkarg sind, wie ihnen oft nachgesagt wird. Dazu kommt eine Menge an geschichtlichen und architektonischen Sehenswürdigkeiten sowie ein breites Kulturangebot in den lebendigen Hafenstädten und auch auf den idyllischen kleinen Dörfern, sodass Besuchern die Auswahl oft schwer fällt.

Aktivurlaub

Doch nicht nur die kulturelle Vielfalt, sondern auch die enorme Bandbreite an Freizeitaktivitäten macht die Ostseeküste von Schleswig-Holstein zu einem so beliebten Urlaubsgebiet. Schon im 18. Jh. begann die Ära des erholsamen Badeurlaubs, der sich von Badekarren über geschlechtergetrennte Badeanstalten bis hin zum heutigen Strandleben weiterentwickelt hat, das von zahlreichen Strandkörben, Sandburgenwettbewerben, Beachvolleyballtunieren und einer meist von Läden und Cafés gesäumten Promenade gekennzeichnet ist. Dank Wind und Wellen kann man an der Küste surfen, segeln, rudern, tauchen, Kajak fahren, während sich die malerische Weite im Hinterland mit ihren sanft geschwungenen Hügeln, ausgedehnten Wäldern, gelben Rapsfeldern und glitzernden Seen zum Wandern, Radfahren und Reiten eignet.

Klischees und Überraschungen

Doch Schleswig-Holstein lässt sich nicht auf die typischen Klischees Meer, Fischer, Leuchttürme, Segelboote, Möwen, Rapsfelder, Pferdekoppeln und Hansestädte reduzieren. Im Gegenteil: Immer wieder versetzen einen die ganz unvermutet auftauchenden Windmühlen, romantischen Adelsgüter, verwunschenen Seen oder rauen Steilküsten in Erstaunen darüber, wie vielfältig und überraschend die Ostseeküste tatsächlich ist.

STECKBRIEF

Lage:
- Zwischen der Nordsee und der Ostsee liegt das nördlichste Bundesland Deutschlands. Im Norden grenzt Schleswig-Holstein an Dänemark, im Süden an Hamburg, Niedersachsen und Mecklenburg-Vorpommern.

Fläche:
- 15.799 km^2

Länge der Ostseeküste:
- 328 km, mit Fehmarn 402 km

Einwohner (Schleswig-Holstein insg.):
- ca. 2,8 Mio., davon gehören 50.000 zur dänischen Minderheit

Verwaltung:
- Vier Landkreise: Ostholstein, Plön, Rendsburg-Eckernförde, Schleswig-Flensburg; drei kreisfreie Städte (Kiel, Lübeck, Flensburg)

Landeshauptstadt:
- Kiel (239.500 Einwohner)

Längste Wasserwege:
- Trave (112 km), Eider (110 km), Nord-Ostsee-Kanal (99 km), Elbe-Lübeck-Kanal (61 km)

Höchster Berg:
- Bungsberg (168 m ü. NN)

Größte Seen:
- Großer Plöner See (29 km^2), Selenter See (22 km^2)

Sprachen:
- Deutsch (Amtssprache), Platt (Regionalsprache), Dänisch, Friesisch und Romanes (Minderheitensprachen)

Wirtschaft:
- Über 50 % Dienstleistungssektor, 22 % Handel, Verkehr und Gewerbe, 22 % produzierendes Gewerbe, 3 % Land- und Forstwirtschaft sowie Fischerei

Ostseeküste kompakt

Die besten Reiserouten

Ob Kurzurlaub oder wochenlanger Aufenthalt – wer einmal da war, möchte bestimmt noch mehr von der abwechslungsreichen Region entdecken. Zwei der schönsten Tourentipps, die sich sowohl für Kinder, Sportler als auch Kulturbegeisterte eignen, findet man im Folgenden. Als schneller Überblick zeigen die Punkte in den Karten an, wo die jeweiligen Touren hinführen.

▶ *Fehmarn.*

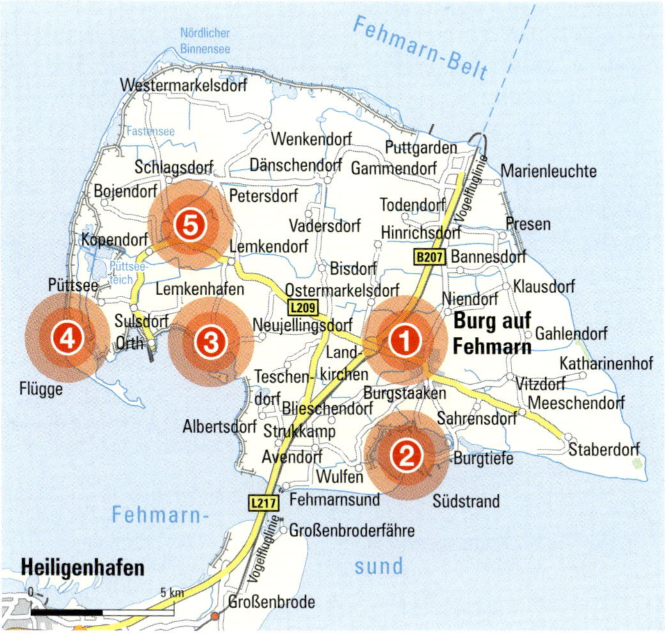

▶ *Tour: Ein Tag auf Fehmarn.*

Tour: Ein Tag auf Fehmarn

Quer über die Insel führt der abwechslungsreiche Tagesausflug, der in **Burg** ❶ beginnt. Nach einem Besuch des Meereszentrums bummelt man gemütlich durch die Fußgängerzone zur St. Nikolai-Kirche, bevor es dann weiter geht zum **Südstrand** ❷. Eine Runde Badespaß am schönsten Strand Fehmarns steht auf dem Programm, während sich am Horizont die Surfer tummeln. Nach der Erfrischung lohnt die Segelwindmühle mit Museum in **Lemkenhafen** ❸ an der Südwestküste der Insel einen Abstecher, bevor man nach **Flügge** ❹ weiterfährt. Ein Gedenkstein am wilden Naturstrand erinnert hier an Jimi-Hendrix' letztes Konzert. Ganz in der Nähe bietet sich vom Leuchtturm ein traumhafter Blick über die Insel und die Ostsee. Ein wahrer Besuchermagnet ist auch das NABU-Informationszentrum beim Wasservogelreservat Wallnau, das spannende Informationen über das Schutzgebiet aufbereitet. Auf dem Rückweg nach Burg lädt das idyllische Örtchen **Petersdorf** ❺ schließlich noch zu einer Einkehr ein, sodass man die Tour über die Insel gestärkt an der Fehmarnsundbrücke beenden kann.

Tour: Drei Tage Paddelspaß auf der Schwentine

Tag 1: Die Kanutour auf der Schwentine gehört zu den schönsten Erlebnissen eines Ostseeurlaubs. Los geht es in Eutin, der klassizistischen Kleinstadt im Herzen der Holsteinischen Schweiz. Nach einer Besichtigung des Schlosses steigt man in die Boote und macht sich erst einmal mit der Ausrüstung vertraut, die man die nächsten Tage braucht. Wasserdichte Tonnen und Säcke schützen Kleidung und Proviant vor unabsichtlichen Wasserspritzern und mit etwas Übung zieht man auch die Stechpaddel bald ganz behände durchs Wasser. Schnell gleitet man auf den glitzernden Wasserflächen der Seen voran und steigt nach einigen Stunden Paddelspaß am ersten Übernachtungsziel in Plön an Land.

Tag 2: Hoch über Plön thront das weiße Schloss, das man bei einem Spaziergang durch den Schloss-

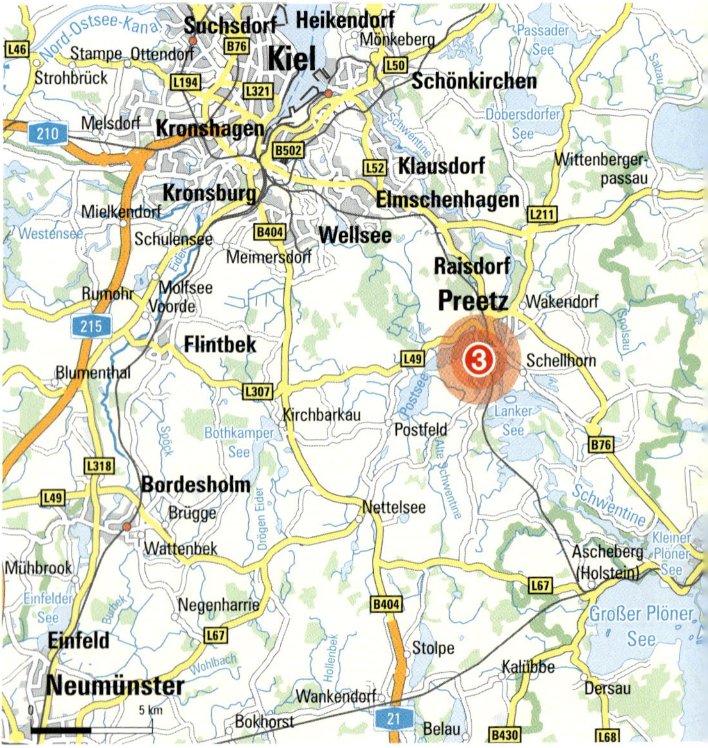

► *Tour: Drei Tage Paddelspaß auf der Schwentine.*

garten zur Prinzeninsel ganz aus der Nähe betrachten kann. Danach lädt noch die historische Altstadt zum Flanieren ein, bevor man über die stillen, weiten Seen langsam auf Preetz zupaddelt. Eine stille, geschichtsträchtige Atmosphäre erwartet Besucher in der Klosteranlage, während in den Altstadtgassen der einstigen Schustergassen trubeliges Einkaufsflair herrscht.
Tag 3: Am dritten Tag genießt man den schönsten Abschnitt der Schwentine durch die Probstei. Malerisch schlängelt sich die nun zu einem wirklichen Fluss verengte Wasserstraße durch die Wiesen, Wälder und Felder, zwischen denen man immer wieder historische Herrenhäuser und alte Mühlen entdeckt. Romantische Badestellen laden unterwegs zum Picknicken ein, bevor man schließlich die Kieler Förde erreicht und nach einem Spaziergang durch Kiel die Tour beendet.

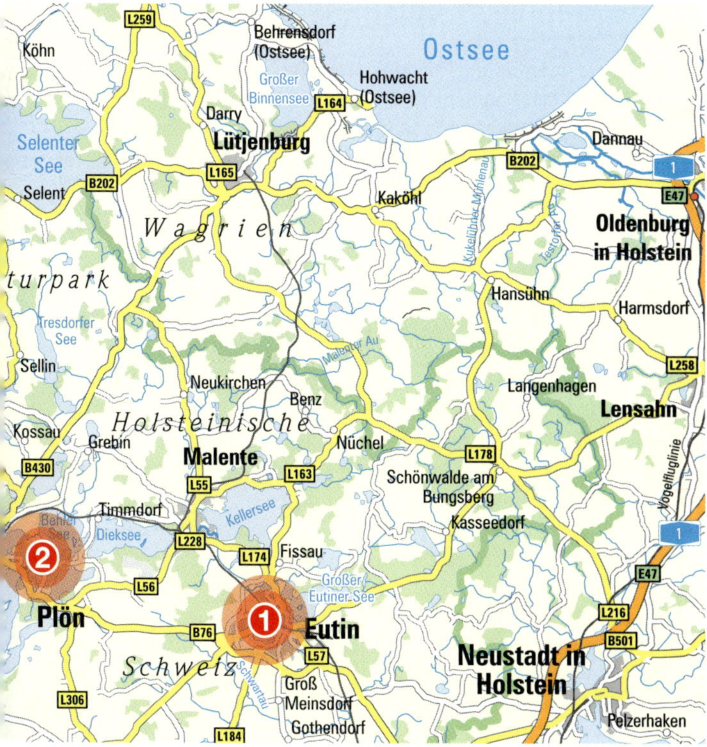

Übernachten
Ferienwohnungen, Camping & Co.

Da die Ostseeküste Schleswig-Holsteins zu den am meisten besuchten Urlaubszielen Deutschlands gehört, steht den Gästen eine riesige Auswahl an Übernachtungsmöglichkeiten zur Verfügung. Das größte Kontingent stellen Ferienwohnungen dar, die es in nahezu jedem Ort gibt. Vor allem im Sommer ist es sinnvoll, sich frühzeitig um eine Reservierung zu kümmern.

Hotels & Pensionen

Wer gerne im Hotel übernachtet, wird an der Ostseeküste in Schleswig-Holstein meist kräftig zur Kasse gebeten – findet dafür aber fast ausschließlich 4- bis 5-Sterne Anlagen vor, die gehobenen Ansprüchen gerecht werden. Erstklassiger Service, hoher Komfort und eine häufig exklusive Lage mit herrlichem Seeblick gelten dabei als selbstverständlich. Wer gerne etwas preisgünstiger unterkommen möchte, sollte sich nach Pensionen und Privatzimmern erkundigen, die in allen größeren Orten vorhanden sind.

Campingplätze

Schleswig-Holstein gilt als wahres Eldorado für Camper. Wie Perlen reihen sich die zahlreichen Campingplätze entlang der Küste und an den Seeufern im Hinterland aneinander. Moderne Sanitäranlagen, Spielplätze, Freizeitmöglichkeiten, Animation, Gaststätten und Einkaufsmöglichkeiten gehören zum Standard. Die meisten Plätze haben von April bis Oktober geöffnet, nur wenige bieten auch Wintercamping an. Eine umfangreiche Broschüre mit Informationen zu Lage, Ausstattungen und Preisen der Plätze hält der Verband der Campingunternehmer Schleswig-Holstein e. V. bereit (Kiefernweg 14, 23829 Wittenborn, Tel.: 0 45 54 / 7 05 65 33, www.vcsh.de).

Ferienwohnungen

Ein riesiges Angebot an Ferienwohnungen jeglicher Preis- und Komfortkategorie halten die Urlaubsorte an der Ostsee bereit. Immer mehr stellen sich die Vermieter dabei auf die Wünsche ihrer Gäste, speziell auf Kinder, ein. Häufig sind deshalb Gärten, Grillstellen, Spielplätze und geräumige Wohnküchen inbegriffen. Aktuelle Gastgeberverzeichnisse erhält man in den örtlichen Touristinformationen.

Ferien auf dem Bauernhof/ Heuherbergen

Urig und vor allem bei Familien mit Kindern beliebt sind Übernachtungen auf einem Bauernhof oder in einem Heuhotel. Erstere bieten besonders für kleine Gäste viel Abwechslung: Ponyreiten, Traktorfahren sowie Tierefüttern und -melken – bei fast allen Anbietern dürfen Urlauber auch selbst mithelfen und den Alltag auf einem Bauernhof hautnah miterleben. Einen Katalog qualitätsgeprüfter Höfe gibt es bei der Arbeitsgemeinschaft Urlaub auf dem Bauernhof e. V. (Am Kamp 15–17, 24768 Rendsburg, Tel.: 0 43 31 / 9 45 35 82, www.bauernhof-erlebnis.de).

Ein besonderes Erlebnis ist auch die Übernachtung in einer Heuherberge. Geschlafen wird dabei in mit Stroh gepolsterten Pferdeboxen oder auf dem Heuboden, Bettzeug und Taschenlampen muss jeder Gast selbst mitbringen. Ein Aufenthaltsraum, Küche und Bad stehen selbstverständlich zur Verfügung, häufig gibt es außerdem noch ein deftiges Frühstück inklusive. Die Landwirtschaftskammer Schleswig-Holstein verschickt ein Verzeichnis der raschelnden Herbergen (Am Kamp 15–17, 24768 Rendsburg, Tel.: 0 43 31 / 9 45 32 43, www.lwksh.de oder www.heuherbergen.de).

Jugendherbergen

In allen größeren Orten sind die meist modern ausgestatteten Jugendherbergen eine günstige Alternative zu Übernachtungen in Ferienwohnungen oder Hotels. Wählen kann man zwischen Vier- bzw. Sechs-Bett-Zimmern, Familienräumen oder Doppelzimmern. Voraussetzung für die Übernachtung ist ein gültiger Jugendherbergsausweis. Bis einschließlich 26 Jahre kostet die Mitgliedschaft 12,50 € pro Jahr, ab 27 Jahren 21 €. Eine kostenlose Übersichtskarte der Jugendherbergen in Norddeutschland kann man beim DJH-Landesverband Nordmark e. V. bestellen (Rennbahnstraße 100, 22111 Hamburg, Tel.: 0 40 / 65 59 95 66, www.djh-nordmark.de).

Nützliche Internetlinks

www.sh-tourismus.de
www.ostsee-schleswig-holstein.de
www.ostseeferienland.de

Essen & Trinken

Labskaus, Fisch und Grog

Die typischen Holsteiner Speisen sind vor allem eines: deftig und bodenständig. Dennoch hat sich die ursprüngliche Küche mit ihrer Vorliebe für süß-saure Kombinationen stark weiterentwickelt. Viele kreative Abwandlungen sowie frische regionale und saisonale Zutaten machen die oft ungewöhnlich klingenden Gerichte zu einem echten Geschmackserlebnis!

Norddeutsche Essenszeiten

Für nicht ganz so nördliche Gäste sind die traditionellen Essenszeiten im alten Bauernland Schleswig-Holstein meist etwas früh angesetzt: Mittags gibt es von 12 bis maximal 14 Uhr warmes Essen, Kaffee zwischen 14 und 15 Uhr und Abendbrot spätestens um 18 Uhr. Die Touristenorte haben sich jedoch den Wünschen der Gäste angepasst, sodass man nur abseits der Touristenpfade Gefahr läuft, die Küche bereits geschlossen vorzufinden.

PREISNIVEAU

Tasse Kaffee	1,50–3,00 €
Bier (0,3 l)	2,00–3,00 €
Einfaches Menü	9,00–15,00 €

Fisch

Typisch für die Küstennähe sind die zahlreichen Fischrestaurants und Imbissstände, die fangfrischen Speisefisch offerieren. Auf der Karte stehen meist Butt oder Scholle, gekochter Dorsch mit Senfsoße oder Kräuter-Ei-Panade sowie geräucherte Makrele und Aal. Weit bekannt sind auch die Kieler Sprotten, etwa 15 cm lange, geräucherte Heringe, die zwar ohne Kopf, sonst aber komplett gegessen werden. Zu den

Spezialitäten der Binnenseen zählen Süßwasserfische wie Zander, Maräne, Lachsforelle und Karpfen.

Deftig

Auch wenn viele der traditionellen Gerichte etwas ungewöhnlich erscheinen, sollte man sie auf alle Fälle einmal probieren. Ein echtes Seemannsgericht ist „Labskaus", ein warmer Eintopf aus Schweinefleisch, das mit Kartoffeln, Roter Bete und Rollmops vermengt wird – es schmeckt besser, als es aussieht! „Swattsuer" (Schwarzsauer) besteht aus Fleischstückchen, die in frischem Schweineblut zu einer herzhaften Suppe gekocht werden. Frisch aus dem Garten stammen dagegen „Birnen, Bohnen und Speck", die gegart werden, dazu reicht man Salzkartoffeln. „Schnüsch" ist ein Eintopf aus in Milch gekochtem Gemüse mit Kartoffeln und Schinkenspeck. Beliebt ist auch Grünkohl mit Kartoffeln, der durch Kochwurst, Kassler und Schweinebacke seinen würzigen Geschmack erhält. Nicht nur zum Eigenverzehr, sondern auch als Mitbringsel beliebt ist „Katenschinken", der seinen leicht süßlichen Geschmack durch das Räuchern über Buchenholz und Wacholder erhält.

Süß

Nicht nur kleine Schleckermäuler mögen den „Groten (Großen) Hans", ein Mehlkloß, der, in Wasser und Speck gegart und mit Fruchtsoße, Mandeln und Rosinen bestreut, serviert wird. Lecker ist auch „Rote Grütt (Grütze)", ein Dessert aus roten Beeren und angedicktem Fruchtsaft, oder die Fliederbeersuppe, eine Fruchtsuppe aus Fliederbeersaft, Apfelstückchen und feinen Grießklößchen.

REGIONALE SPEZIALITÄTEN

Buttermilchsuppe – Suppe aus Pudding, Ei und Milch
Meelbüdel – im Leintuch gekochter Mehlkloß
Förtchen – in Fett ausgebackenes, süßes Gebäck mit verschiedenen Füllungen

Getränke

Heiß und hochprozentig trifft auf nahezu alle traditionellen Getränke der Schleswig-Holsteiner zu, die bei dem manchmal doch recht rauen Klima von Innen wärmen. An nasskalten Tagen trinkt man deshalb gerne einen „Pharisäer" bzw. eine „Tote Tante" (Kaffee bzw. Kakao mit Rum und Sahnehaube) oder einen Angler Muck, für den heißes Wasser mit vorgewärmten Rum, Zitronensaft und Zucker vermischt wird. Herrlich gegen Kälte hilft auch ein waschechter Grog – zubereitet ganz nach norddeutsch-trockener Beschreibung: „Rum mut, Wasser dörv, Zucker kunn" (Rum muss, Wasser darf, Zucker kann). Neben einem starken Korn sind auch die lokal gebrauten Biere, wie das Flensburger oder Dithmarscher Pilsener, sehr beliebt.

Sport & Freizeit
Segel- und Surfparadies

Für Freunde des Wassersports bleiben in Schleswig-Holstein keine Wünsche offen. Nicht nur die Küste, sondern auch die zahlreichen Seen und Flüsse im Hinterland sind ein ideales Revier für Segler, Surfer, Kanuten und Angler. Aber auch bewegungshungrige Landratten erleben beim Wandern, Radfahren und Reiten einen Aktivurlaub der Extraklasse.

Angeln
An Seen, Flüssen und entlang der See kommen Angler auf ihre Kosten. Für Binnengewässer ist ein herkömmlicher Fischereischein ausreichend, außerdem ein Erlaubnisschein, den man im Fischereiamt erhält. Wer an die Küste möchte, braucht eine gültige Genehmigung, die man für einen bestimmten Zeitraum erwerben kann. In vielen Häfen starten zudem geführte Touren für Hochseeangler. Informationen erteilt der Landessportfischereiverband Schleswig-Holstein e. V. (Papenkamp, 24114 Kiel, Tel.: 04 31 / 67 68 18, www.lsfv-sh.de).

Baden
Lange, flach ins Meer abfallende Sandstrände und eine kaum spürbare Brandung machen die Ostsee zu einem idealen Badeziel für Familien mit Kindern. Fast alle Strände werden auf Badewasserqualität überprüft (www.badewasserqualitaet.schleswig-holstein.de) und tagsüber von der DLRG (Deutsche Lebensrettungsgesellschaft) bewacht, bunte Flaggen kennzeichnen die erlaubte Badezone, damit Schwimmer nicht in Wasserstraßen oder Untiefen gelangen. Eine Alternative zu den Stränden sind die schön gelegenen Seen im Hinterland.

Golf

Etwa fünfzehn 9-, 18- und 27-Loch-Plätze bieten entlang der Ostseeküste von Schlewsig-Holstein sowohl Schnupperkurse für Anfänger als auch Ausrüstungsverleih für ambitionierte Golfer. Nähere Infos gibt es unter www.golfkueste.de.

Hochseilgärten

Luftigen Kletterspaß für Groß und Klein bieten die gut ausgestatteten, modernen Hochseilgärten mit ihren verschiedenen Schwierigkeitsgraden, Attraktionen und unterschiedlich hohen Parcours auf Fehmarn (www.hochseilgarten-fehmarn.de), in Travemünde (www.hochseilgarten-travemuende.com), Kiel (www.highspirits-kiel.de), Eckernförde (www.hochseilgarten-eckernfoerde.de) und Bad Malente (www.hochseilgarten-malente.de).

Radfahren

Kreuz und quer führt ein gut ausgebautes, ca. 1.500 km langes Radwegenetz durch die Landschaft. Geringe Steigungen und viel Abwechslung sorgen für Fahrspaß – nur der Wind, der scheinbar immer direkt von vorne bläst, wird manchmal zur Herausforderung. Zu den beliebtesten Radwegen zählen der 438 km lange Ostseeküsten-Radweg (Schleswig-Holsteinische Teil) von Flensburg nach Lübeck (www.ostsee-schleswig-holstein.de), der 504 km lange Ochsenweg von Wedel nach Viborg (www.ochsenweg.de), der 342 km lange Mönchsweg von Glückstadt nach Fehmarn (www.moenchsweg.de) sowie der knapp 180 km lange Wikinger-Friesen-Weg von Maasholm nach St. Peter-Ording (www.wikinger-friesen-weg.de).

▶ *Malerischer Sandstrand.*

Reiten

Das Pferdeland Schleswig-Holstein, Heimat der berühmten Pferderassen Holsteiner und Trakehner, hat sich auf Angebote für Reiter spezialisiert. Zu den Highlights gehören Ausritte am Strand, entlang blühender Rapsfelder oder durch die idyllische Hügellandschaft. Informationen und eine Kartenübersicht gibt es auf www.pferdesportverband-sh.de.

Tauchen

Zwar finden Taucher in der Ostsee keine bunten Korallenriffe und türkisblaues Wasser vor, aber gerade für Anfänger sind die etwa 40 Tauchplätze in der Ostsee mit Seegraswiesen, Schiffswracks oder künstlich angelegten Riffen sehr zu empfehlen. Tauchschulen mit Ausrüstungsverleih findet man z. B. auf Fehmarn, in Kiel und im Schwedeneck.

Wandern

Neben vielen gut beschilderten Wegen an der Küste, durch die Holsteinische Schweiz und entlang der Schlei verlaufen auch die Fernwanderwege E1 (Nordsee–Bodensee–Mittelmeer) sowie E6 (Ostsee–Wachau–Adria) durch Schleswig-Holstein, auf denen man die beeindruckende Natur zu Fuß erleben kann. Besonders beliebt ist der etwa 20 km lange Fördewanderweg, der in Laboe beginnt und auf breiten, auch für Kinderwagen geeigneten Wegen am Ufer entlang nach Kiel führt. Kartenmaterial und viele Tipps bietet die Touristinformation Schleswig-Holstein (www.sh-tourismus.de).

Kanu/Kajak

Romantische Flussschleifen, leichte Strömungen und glitzernde Seen laden zu Kanu-, Boot- oder Kajaktouren ein. Zu den beliebtesten Paddelregionen gehört neben der Schlei und der Schwentine auch der Plöner See. An allen größeren Seen und Flüssen gibt es Bootsverleihstationen für alle, die nicht mit eigener Ausrüstung anreisen. Wasserwanderer, die gerne mehrere Tage unterwegs sind, kommen vor allem in der Holsteinischen Schweiz auf ihre Kosten. Von Eutin bis Kiel fließt die Schwentine rund 50 km gemächlich an alten Mühlen, Herrensitzen sowie kleinen Ortschaften vorbei und verbindet die Seen der Holsteinischen Schweiz miteinander.

Wind-/Kitesurfen

An vielen Stränden entlang der Küste und auf Fehmarn fallen sie ins Auge: Bunte Segel und Drachen, die in einem rasanten Durcheinander über das Wasser gleiten. Durch den beständigen Wind gilt die Ostseeküste sowohl für Anfänger als auch für Könner als geeignetes Surfrevier. Während die geschützten Buchten und Förden für Neulinge des Sports am besten geeignet sind, gilt Fehmarn als Treffpunkt der ambitionierten Surfer, die gerne hohe Geschwindigkeiten und Wellen erleben.

SEGELN

Die Ostseeküste Schleswig-Holsteins zählt zu den schönsten Segelrevieren in ganz Deutschland. Kaum ein Küstenort ist ohne Hafen, die Auswahl an Segelschulen ist immens und nicht zuletzt die traditionsreichen Segelsportveranstaltungen Kieler und Travemünder Woche locken Segler aus der ganzen Welt an.
Staunend steht man deshalb oft am Hafenbecken, wo moderne Segeljachten, alte Holzschiffe und wendige Jollen einträchtig nebeneinander im Wasser schaukeln. Wer möchte da nicht den festen Boden mit den schaukelnden Planken tauschen, sich den frischen Fahrtwind um die Nase wehen lassen und dabei einen Hauch von Abenteuer spüren? Viele Häfen bieten deshalb Schnuppertörns für Urlauber an, an denen man auch ohne allzu viele Vorkenntnisse teilnehmen kann.

Wie verhält man sich auf dem Schiff?
Achtung ist beim Einsteigen geboten, besonders die kleinen Schiffe sind z. T. äußerst wackelig. Deshalb forsch einen Schritt Richtung Mitte machen und nicht zu weit außen entlang balancieren. Im Zweifelsfall hilft Hinsetzen! Wichtig sind auch die Schuhe: In groben Sohlen können sich Steine festtreten, die das Deck zerschrammen. Besser sind leichte Turnschuhe mit flachen, weichen Sohlen. Hat das Einsteigen geklappt, gilt nun: An Bord hat nur einer das Sagen. Und das ist der, der das Ruder führt. Deshalb: Nicht diskutieren, sondern Anweisungen befolgen – im Ernstfall muss es nämlich schnell gehen. Wird das berücksichtigt, steht einem gelungenen Segeltörn nichts mehr im Wege!

Kleine Begriffskunde für Landratten:
Steuerbord – rechts
Backbord – links
Bug – vorderes Ende des Schiffes
Heck – hinteres Ende des Schiffes
Takelage – Mast, Bäume und bewegliche Teile, die Mast und Segel halten
Jolle – kleines Segelschiff mit aufziehbarem Schwert
Schoner – mehrmastiges, großes Segelschiff
Katamaran – Doppelrumpfboot

Von A bis Z
Praktische Reiseinformationen

Ist die Ostsee warm genug zum Baden? Wie reserviert man einen Strandkorb? Über welche Souvenirs freuen sich die Daheimgebliebenen? Kann man direkt am Strand parken? Damit der Start in einen rundum sorglosen Urlaub gelingt, gibt es die wichtigsten Antworten auf Fragen wie diese kurz zusammengefasst, von A bis Z aufgelistet, im Folgenden.

Anreise mit dem Auto

Urlauber, die aus dem Süden kommen, folgen der A7 durch den Elbtunnel bei Hamburg weiter in Richtung Kiel/Flensburg. Besonders in den Sommermonaten ist die schmale Elbunterquerung als Engpass bekannt und sehr stauanfällig. Um das Nadelöhr zu umgehen, bietet sich die Ausweichroute über die A1 Richtung Lübeck/Puttgarden an. Von Osten her erfolgt die Anreise über die Ostseeautobahn A20, die einen Bogen über Rostock und Wismar nach Lübeck schlägt.
Direkt aus Berlin führt die A24 nach Hamburg.

Anreise mit der Bahn

Alle größeren und mittleren Städte entlang der Küste sind auch mit der Bahn gut erreichbar. Zentraler Knotenpunkt ist Hamburg – von hier verkehren Schnellzüge im Stundentakt nach Kiel und Lübeck. Die Lübecker Bucht und Fehmarn sind außerdem über die Regionalbahnstrecke Hamburg-Lübeck-Puttgarden erschlossen.
Im Sommer gibt es zudem für Fahrradtouristen ein besonderes Angebot: Am Wochenende fährt ein extra Zug mit Fahrradwaggons von Hamburg bis Travemünde. Nach Kiel und Flensburg gelangt

man am besten über die Verbindungen Hamburg-Neumünster-Kiel bzw. Kiel-Eckernförde-Schleswig-Flensburg. Quer durch die Holsteinische Schweiz verläuft schließlich noch die Bahnstrecke Lübeck-Eutin-Plön-Kiel.

Anreise mit dem Flugzeug

Der nächstgelegene internationale Flughafen ist in Hamburg-Fuhlsbüttel. Von hier verkehren regelmäßig Busse nach Kiel, Lübeck oder Flensburg. Aus dem europäischen Ausland können Gäste auch den Flughafen Lübeck-Blankensee anfliegen.

Anreise mit dem Schiff

Durch seine Lage an der Ostsee ist Schleswig-Holstein gut mit der Fähre oder dem eigenen Boot erreichbar. In Travemünde und Kiel legen die großen Passagierfähren an, die aus Dänemark, Norwegen, Schweden, Finnland oder dem Baltikum kommen. Segel- und Motorbootbesitzer finden in nahezu allen Häfen freie Liegeplätze vor.

Auskunft

Tourismus-Agentur Schleswig-Holstein GmbH
Wall 55, 24103 Kiel
Tel.: 0 18 05 / 60 06 04
www.sh-tourismus.de

Ostsee-Holstein-Tourismus e.V.
Bahnhofstraße 2, 23682 Scharbeutz
Tel.: 0 18 05 / 70 07 08
www.ostsee-schleswig-holstein.de

FEIERTAGE

Neujahr *(1. Januar)*
Karfreitag
Ostersonntag
Ostermontag
Tag der Arbeit *(1. Mai)*
Christi Himmelfahrt
Pfingstsonntag
Pfingstmontag
Tag der Deutschen Einheit *(3. Oktober)*
Weihnachten *(25. und 26. Dezember)*

Ermäßigungen/Ostseecard

Durch den zu zahlenden Kurbeitrag, der je nach Saison zwischen 1,50–3 € pro Tag variiert, erhalten Gäste in vielen Orten die sogenannte Ostseecard.
Anders als traditionelle Gästekarten gilt diese auch ortsübergreifend und berechtigt nicht nur zum freien Zugang zum Strand, sondern bietet gleichzeitig zahlreiche Vergünstigungen wie ermäßigten Eintritt in Museen oder Schwimmbädern, verbilligte Bus-, Bahn- oder Fährfahrkarten sowie Rabatte in Restaurants und Geschäften. Insgesamt 17 Ostseebäder von Glücksburg bis Travemünde haben sich dem Verbund der Ostseecard angeschlossen. Nähere Informationen gibt es unter www.ostseecard.de.

FKK

An vielen Stränden entlang der Ostsee, aber auch an einigen Seen im Hinterland sind gesonderte FKK-Bereiche ausgewiesen. Meist stört sich jedoch auch niemand daran, wenn sich Anhänger der freien Körperkultur mit etwas Rücksicht an normalen Stränden oben ohne sonnen oder baden.

Internetadressen

Wertvolle Tipps rund um die schleswig-holsteinische Ostseeküste erhält man im Internet unter folgenden Adressen:

www.schleswig-holstein.de –
Offizieller Internetauftritt von Schleswig-Holstein

www.ostseeferienland.de –
Unterkünfte, Veranstaltungen, Wetter, Webcams und vieles mehr

www.holsteinischeschweiz.de –
Vorstellung der Region Holsteinische Schweiz

www.naturpark-holsteinische-schweiz.de –
Offizielle Homepage des Naturparks Holsteinische Schweiz

Kinder

Allein die sanft abfallenden, buddelfreundlichen, langgestreckten Sandstrände machen die Ostseeküste Schleswig-Holsteins zu einem wahren Ferienparadies für Kinder. Aber auch bei Schmuddelwetter ist mit Spaßbädern, Aquarien, Erlebnisparks und spannenden Museen für reichlich Abwechslung gesorgt. Damit auch die Eltern einmal abschalten können, bieten immer mehr Orte spezielle Kinderprogramme an. Nähere Informationen dazu gibt es unter www.sh-elternfrei.de oder www.tippsfuerkids.de.
Bis 14 Jahre erhalten Kinder außerdem bei den Touristinformationen vor Ort einen kostenlosen Kinderpass, der zu verbilligtem oder sogar freiem Eintritt in Museen, Bäder, Tierparks und Schifffahrten berechtigt.

KLIMADIAGRAMM Kiel (7 m ü. NN)

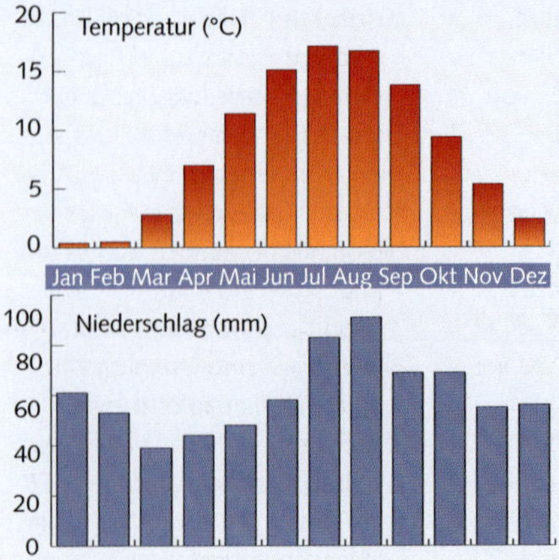

Monat	°C	mm
Jan	0,4	61
Feb	0,5	53
Mar	2,8	39
Apr	7,0	44
Mai	11,4	48
Jun	15,1	58
Jul	17,1	83
Aug	16,7	91
Sep	13,8	69
Okt	9,4	69
Nov	5,4	55
Dez	2,4	56
Jahr	**8,5**	**726**

Klima und Reisezeit

Mäßig warme Sommer (meist um 20 °C) und milde Winter (-2 bis 4 °C) kennzeichnen das ausgeprägte Seeklima, das in Schleswig-Holstein herrscht.
Typisch für die Küste ist nicht nur der schnelle Wechsel von milden, teils regnerischen Westwindlagen und sonnigen Ostwetterlagen, sondern auch der beständige Wind, der an Haaren und Kleidung zerrt, gleichzeitig jedoch im wahrsten Sinne des Wortes den Kopf freipustet. Dem Vorurteil des häufigen „Schietwetters", das Schleswig-Holstein hartnäckig nachgesagt wird, begegnen waschechte Küstenbewohner übrigens nur mit dem Motto: „Es gibt kein schlechtes Wetter, nur schlechte Kleidung" und laden Besucher dazu ein, sich davon selbst einmal zu überzeugen.
Wer schon früh im Jahr Urlaub nimmt, kommt in den Genuss eines besonders schönen Naturschauspiels: Während der Rapsblüte im April wird das landwirtschaftlich geprägte Schleswig-Holstein von einer gelben Blütenflut überzogen und bildet einen herrlichen Kontrast zu dem tiefblauen Himmel und der See.
Von Mai bis August, den meist sonnenreichsten und wärmsten Monaten, werden vor allem Badeurlauber angelockt, die sich mit großem Vergnügen in der selten mehr als 19 °C warmen Ostsee erfrischen. Im Herbst und Winter geht es dann ungemütlicher zu: Sturmfluten,

▶ *Haltestelle Strandbus.*

starke Westwinde und häufig Regen machen die Küste zu einem Ort der Naturgewalten, die man bei einem einsamen Strandspaziergang hautnah erleben kann – ein heißer Grog danach lässt einen die Kälte und den Wind schnell vergessen.

Kuren

Bereits seit Langem gilt die salzhaltige Ostseeluft als gesundheitsfördernd bei verschiedenen Haut- oder Atemerkrankungen. Viele Seebäder bieten z. B. eine Thalassotherapie, eine Kombination aus bäder- und klimatherapeutischen Maßnahmen, oder Kneipp-Kuren mit Wasserübungen, Bewegungs- und Ernährungstraining an. Nähere Informationen dazu liefert der Heilbäderverband Schleswig-Holstein e. V. (Wall 55, Kiel, Tel.: 04 31 / 2 10 88 38, www.heilbaederverband-sh.de).

Kurtaxe

In fast allen Ostseebädern wird zwischen Mai und September eine Kurtaxe erhoben, die in der Regel zwischen 1,30 und 3 € pro Tag liegt. Kinder bis 18 Jahre und Senioren sind meist frei bzw. erhalten eine Ermäßigung. Der Betrag kommt öffentlichen Einrichtungen sowie der Instandhaltung und Säuberung der Strände zugute. Im Gegenzug erhalten Besucher eine Gästekarte, die zu freiem Eintritt an den Stränden und Vergünstigungen bei diversen Veranstaltungen berechtigt.

Notrufnummern

Polizei, Tel.: 110
Feuerwehr, Notruf, Tel.: 112
Pannendienst ADAC, Tel.: 01 80 / 2 22 22 22
Giftnotrufzentrale, Tel.: 05 51 / 1 92 40
Sperren von EC- und Kreditkarten, Tel.: 11 61 16

Öffnungszeiten

In den Städten und größeren Ortschaften haben Geschäfte in der Regel Mo bis Sa von 9/9:30 Uhr bis 19/20 Uhr geöffnet, auf dem Land dagegen meist nur bis 18 Uhr. Kurorte haben dank der Bäderverordnung von März bis Oktober einen Sonderstatus und schließen Mo bis Fr häufig auch erst um 21 Uhr, Sa und So um 18 Uhr.
Restaurants bieten in der Hauptsaison im Normalfall durchgängig warme Küche an, in der Nebensaison jedoch – typisch norddeutsch – nur zur Mittagszeit von 11:30–14 Uhr und nach einer Pause wieder ab 17:30/18 Uhr. Für Museen gelten fast überall die gleichen Öffnungszeiten: unter der Woche 10–17 Uhr, am Wochenende 11–17 Uhr, montags geschlossen.

ÖPNV

Entlang der gesamten Küste gibt es ein dicht ausgebautes Busliniennetz, das fast alle Ortschaften und viele der beliebten Badestrände umfasst. Eine Alternative sind auch die kleinen Passagierfähren, die meist im Zickzackkurs die verschiedenen Anlegestellen in den Förden anfahren. Nähere Informationen unter www.nah.sh.

Parken

Besonders in den Sommermonaten und am Wochenende sind in den Ostseebädern die Parkplätze knapp. Um die Ortszentren zu entlasten, wurden fast überall gut ausgeschilderte Großparkplätze angelegt, die sich meist in Strandnähe befinden und relativ kostengünstig sind. Wer noch näher am Strand parken will, wird häufig stark zur Kasse gebeten und muss mit Gebühren von ca. 1 € pro Stunde rechnen.

Reisen mit Handicap

An mehreren Stränden werden Rollstühle mit speziellen Sandrädern angeboten, die kostenfrei oder gegen eine geringe Gebühr ausgeliehen werden können. Auskünfte dazu und Gastgeberverzeichnisse

▶ *ÖPNV an der Küste: Fördedampfer.*

für behindertengerechte Unterkünfte halten die lokalen Touristinformationen bereit.

Souvenirs

Beliebte Mitbringsel von der Ostseeküste sind neben maritimen Erinnerungsstücken wie Buddelschiffen, Positionslaternen oder Schiffszubehör vor allem kulinarische Leckereien. Ganz oben rangiert dabei das Lübecker Marzipan, eine Spezialität aus Zucker, Mandeln und Rosenwasser, die in unzähligen verschiedenen Sorten angeboten wird. Aber auch Herzhaftes wie Katenschinken, Räucheraal oder Kieler Sprotten werden gerne für die Heimreise in die Koffer gepackt.

Strandkörbe

Nichts prägt so sehr das Bild der deutschen Küsten wie die geflochtenen, mit bunten Stoffen ausgekleideten Strandkörbe. Als Schutz gegen Wind und Sonne oder sogar als Unterstand bei einem kurzen Regenschauer haben sich die praktischen Sitzgelegenheiten längst bewährt. Vor allem im Hochsommer sollte man deshalb möglichst früh am Strand sein, um noch einen freien Korb zu ergattern. Der Mietpreis für einen Tag liegt dabei etwa bei 7 bis 9 €, für eine Woche bei ungefähr 40 €.

Zeitungen

Die drei größten Städte Kiel, Lübeck und Flensburg haben mit den „Kieler Nachrichten", den „Lübecker Nachrichten" und dem „Flensburger Tageblatt" jeweils eigene Tageszeitungen. Daneben gibt es eine Vielzahl an kleineren Lokalzeitungen.

Geschichte

Slawen, Dänen und Preußen

Durch das ständige Gerangel um die Vorherrschaft des begehrten Küstenlandes ist die Geschichte Schleswig-Holsteins sehr kompliziert. Sicher ist vor allem eines: Slawen, Wikinger, Dänen und die verschiedenen Adelsgeschlechter haben Land und Leute geprägt und ein reiches historisches Erbe hinterlassen.

3.500 v. Chr.
Besiedlung des Gebietes durch steinzeitliche Rentierjäger.

600 n. Chr.
Slawen dringen bis Ostholstein vor, Dänen in die Schleswiger Gegend.

798
Karl der Große verbündet sich mit den Slawen gegen die Sachsen, die Nordgrenze verschiebt sich zur Eider.

9. Jh.
Zur Friedenssicherung zwischen den sächsisch-germanischen Holsteinern und den Slawen wird als Grenze der Limes Saxoniae (Sachsenwall) erreichtet.

968
Nach Gründung des Bistums Oldenburg beginnt die Christianisierung der Slawen.

1111
Schauenburger Grafen übernehmen die Landesherrschaft.

1126
Blutige Auseinandersetzungen und Abwanderungen wegen der anhaltenden Christianisierungsversuche.

Ende 12. Jh.
Kaiser Friedrich II. schenkt Storman und Holstein dem Dänenkönig Waldemar.

1459
Ende der Schauenburger Linie durch den Tod von Graf Adolf VIII. Christian I. von Dänemark wird Landesherr von Schleswig und Holstein.

1490
Mit dem Tod von Christian I. zerfällt das Land in eine Gottdorfer und eine Segeberger Linie.

1658
Mit dem „Frieden von Roskilde" muss Dänemark die Oberlehnsherrschaft über den Gottorfer Anteil von Schleswig aufheben.

1700–1721
In Folge des Nordischen Krieges zwischen den Dänen und Gottorfern fällt Schleswig an Dänemark.

1773
Gebietstausch mit Russland: Schleswig und Holstein werden im dänischen Gesamtstaat vereint.

1848
Aufstand der deutschen Bewohner gegen Dänemark. Gründung einer provisorischen Regierung in Kiel und Verkündung eines eigenen Staatsgrundgesetzes.

1864
Nach dem Deutsch-Dänischen Krieg verzichtet Dänemark auf die beiden Herzogtümer.

1866
Im Preußisch-Österreichischen Krieg fällt Schleswig-Holstein an Preußen.

1920
Durch Volksabstimmung werden die Gebiete nördlich von Flensburg Dänemark zugesprochen, die südlichen bleiben Deutschland zugehörig.

1946
Schleswig-Holstein wird Bundesland. Durch Flüchtlinge aus Ostpreußen, Ostpommern, Schlesien und Polen verdoppelt sich die Einwohnerzahl.

1955
Mit den „Bonner-Kopenhagener Erklärungen" erhalten die jeweiligen Minderheiten in Nord- und Südschleswig einen Sonderstatus.

1963
Fertigstellung der Fehmarnsundbrücke.

2009
Im Rahmen des Masterplans „Schiene Seehafen-Hinterland-Verkehr" werden die Bahnstrecken Hamburg-Lübeck und Schwartau-Waldhalle-Kücknitz modernisiert und der Lübecker Hafen ausgebaut.

2012
Geplanter Baubeginn der festen Belt-Querung.

Kunst & Kultur

Herrenhäuser und altes Handwerk

Die Ostseeküste ist ein jahrtausendealter Kulturraum, der durch die wechselnden Völker und Adelsgeschlechter vielseitig geprägt wurde. Facettenreich zeigen sich deshalb die Kunstschätze in den alten Hafen- und Binnenstädten, wo sich auch die bis heute lebendigen Traditionen von Ort zu Ort unterscheiden.

Die Hanse

Ab dem 12. Jh. entwickelte sich die Hanse (germanisch: Schar, Gefolge) zu einem Verband niederdeutscher Kaufleute von den Niederlanden bis Weißrussland mit dem Ziel der gegenseitigen Unterstützung für einen möglichst gewinnbringenden Handel.

Bis zum 14. Jh. entwickelte sich der Kaufmannsbund weiter zu einem Städtebündnis, das bald den Handel in ganz Norddeutschland beherrschte. Als Königin der Hanse galt die Stadt Lübeck, die nicht nur eine hervorragende strategische Lage, sondern auch fähige Unterhändler mit viel diplomatischem Geschick besaß. Durch den Dreißigjährigen Krieg begann schließlich der Untergang der hanseatischen Zeit, da der Handel zum Erliegen kam. Ein offizielles Ende gibt es allerdings bis heute nicht.

Architekturgeschichte

Die Architekturgeschichte Schleswig-Holsteins beginnt mit den romanischen Feldsteinkirchen im 11. und 12. Jh. Unbehauen wurden die auf Feldern und an der Steilküste gesammelten Natursteine übereinandergeschichtet, was den Gebäuden eine lebendige Fassade verlieh – eines der schönsten Beispiele dafür ist die St. Petri-Kirche in Bosau. Mit der Entwicklung des gotischen Stils kam die Verwendung von Backsteinen in Mode. Dank der reichen Tonvorkommen in der Lübecker Bucht und dem Know-How aus Oberitalien entstanden immer höhere, mit Zierformen bestückte Bauwerke wie z. B. die Lübecker Marienkirche. Doch nicht nur sakrale, sondern auch Profanbauten wurden mit viel Liebe zum Detail errichtet. Besonders beeindruckend sind z. B. in Lübeck das Kranenkonvent, das Holsten- und Burgtor sowie das Rathaus, deren Schmuckgiebel, Ornamente und Setzmuster ein faszinierendes Ensemble ergeben. In der Zeit der Renaissance bis zum Rokoko verschwand der typische braun-rote Backstein als Baumaterial – weiß getünchte Wände, geschwungene Torbögen und verspielte Details zierten die imposanten Schlösser und Herrenhäuser, die dann errichtet wurden. Beispiele für die klassizistische Bauweise mit ihren farbig verputzten Fassaden sind z. B. die Rathäuser in Schleswig, Eutin und Plön. Erst im 19. Jh. entdeckte man die Eigenfarbe des Backsteins wieder neu.

PLATT – DEUTSCH

Moin Moin – Guten Tag/Hallo
Deern – Mädchen
Jung – Junge
Kinners – Kinder
Buddel – Flasche
Gedööns – Aufhebens
Klönschnack – Unterhaltung
smuck – hübsch
lütt – klein
schnacken – reden, unterhalten
pladdern – stark regnen
Waterkant – Küste
Döösbaddel – Dummkopf
Kroog – Gaststätte
Törn – Reise
Kiek mol wedder in – Schau mal wieder vorbei
padderwatsch – unbeholfen
Schiet – Mist
lingerlank – der Länge nach
bibbern – zittern
Halligstork – Austernfischer

Das alte Handwerk Reet

Urig und gemütlich sehen sie aus, die reetgedeckten, kleinen Häuser, die meist noch von bunt blühenden Bauerngärten umgeben sind.
Bis zum Mittelalter waren Reet- oder Strohdächer weit verbreitet. Mit dem starken Anwachsen der Städte gab es jedoch aus Brandschutzgründen neue Bauverordnungen, die feste Dächer aus Stein oder Schindeln vorschrieben. Dennoch haben Reetdachhäuser bis heute nichts von ihrer Beliebtheit eingebüßt, sondern gelten nun sogar als exklusive, alte Handwerkskunst, für die man gerne einen höheren Preis zahlt.
Auf Reet spezialisierte Dachdecker arbeiten mit alten Werkzeugen wie Steck- und Ziehnadel, Klopfer sowie Reetschneider und fertigen das ganze Dach von der Traufe bis zum First von Hand.

Feste & Feiern

Hafenfeste und Handwerkermärkte

Sommerzeit heißt Festzeit in den Dörfern und Städten entlang der Küste. Dann wird die Region zum Schauplatz bunter Märkte, traditionsreicher Musikfestivals und spannender Segelwettkämpfe. Besucher können dabei die ausdauernde norddeutsche Feiermentalität, die sich oft erst auf den zweiten Blick offenbart, einmal hautnah miterleben.

Musikfestivals

Echte Highlights für Liebhaber der klassischen Musik sind das Schleswig-Holstein-Musik-Festival (SHMF) und die Eutiner Festspiele. Romantische Schlösser und Herrenhäuser, urige Scheunen, pittoreske Kirchen, aber auch Werften und alte Industriehallen bilden eine stimmungsvolle Kulisse für die insgesamt 150 Konzerte des SHMF, die im Juli und August an 87 verschiedenen Spielstätten in Schleswig-Holstein stattfinden. Seit 1986 der Pianist Justus Frantz die Idee anstoß, Musik aufs Land zu bringen, und den namhaften Dirigenten Leonard Bernstein dafür gewinnen konnte, verwandeln international bekannte Musiker, Dirigenten und Komponisten, aber auch junge Nachwuchstalente jedes Jahr im Sommer ganz Schleswig-Holstein in einen großen Konzertsaal. Nicht nur das außergewöhnliche Ambiente, in dem die Konzerte aufgeführt werden, sondern auch tolle Mitmachangebote für Kinder, die spielerisch an Instrumente herangeführt werden, begeistern die Besucher. Festivalkarten und Programminformationen erhält man unter Tel.: 04 31 / 57 04 70 bzw. 04 51 / 38 95 70 oder bei www.shmf.de.

Seit mehr als 60 Jahren finden die Eutiner Festspiele statt, bei denen Opern auf einer Naturbühne im Schlossgarten aufgeführt werden.

Segeln, Surfen und Beach-Volleyball

1882 fiel der erste Startschuss zur ersten Segelregatta auf der Kieler Förde. Aus den ehemals etwa 20 Teilnehmern wurden im Lauf der Jahre ca. 5.000 Wettkämpfer aus 50 verschiedenen Ländern – die Kieler Woche entwickelte sich somit zum größten Segelsportereignis weltweit. Neun Tage lang herrscht deshalb in der selbst ernannten „Sailing City“ Ausnahmezustand – an Land und auf dem Wasser. Während die Sportler im Olympiahafen Schilksee

FESTE IM JAHRESKREIS

Februar
- Kieler Umschlag, historischer Handwerkermarkt am letzten Wochenende

März/April
- Ostseeleuchten am Timmendorfer Strand mit großer Licht- und Lasershow

Mai
- Historischer Handwerkermarkt in Lübeck, Feilschen wie zu Zeiten der Hanse
- Rapsblütenfest auf Fehmarn mit Umzug und Wahl der Rapskönigin
- Kappelner Heringstage
- Rumregatta in Flensburg mit Wettsegeln historischer Segelschiffe
- Deutscher Mühlentag am Pfingstmontag

Quartett beim SHMF im Schloss Wotersen.

FESTE IM JAHRESKREIS

- Surffestival auf Fehmarn
- Schusterfest in Preetz mit traditionellen Holzschuhen, Straßentheater und Livemusik

Juni

- Kieler Woche, größtes Segelsportereignis der Welt

Juni – August

- Karl-May-Festspiele in Bad Segeberg

Juli/August

- Eutiner Festspiele, Opern unter freiem Himmel am See
- Schleswig-Holstein-Musikfestival, Konzerte im ganzen Land
- Travemünder Woche, internationale Segelregatta
- Wikingertage Schleswig mit Schaukämpfen, Wikingerschiffen und Feuershows
- Piratenspektakel in Eckernförde, Kinderprogramm, Piratenschiffe und Strandkapern
- Klosterfest in Cismar mit historischem Kunsthandwerkermarkt
- Twiebakken-Regatta auf der Schlei, Wettfahrt alter Fischerkähne
- Deutsche Beach-Volleyball-Meisterschaft am Timmendorfer Strand

September/Oktober

- Drachenfest am Strand von Damp
- Herbstmarkt im Freilichtmuseum Molfsee

Dezember

- Weihnachtsmärkte; besonders stimmungsvoll sind die in Lübeck, Schleswig und auf Schloss Glücksburg

um die Wette segeln, wird die Kiellinie, die Uferpromenade vom Ostseekai bis zum Hindenburgufer, zu einer wahren Festmeile unter freiem Himmel. Konzerte, kulinarische Köstlichkeiten und tolle Angebote für Kinder locken Besucher auf das größte Sommerfest in ganz Nordeuropa. Den krönenden Abschluss der Festwoche bilden eine spektakuläre Windjammerparade in der Förde, Fackelschwimmer und ein Abschlussfeuerwerk direkt über dem Wasser. Informationen erhält man unter www.kieler-woche.de.
Gut besucht und mit einem ähnlich gigantischen Rahmenprogramm wartet auch die Travemünder Woche (www.travemuender-woche.net) auf, die in der letzten Juliwoche stattfindet.
Rasante Rennen, spektakuläre Sprünge und viel Sommerfeeling verspricht das Surffestival in Pelzerhaken auf Fehmarn, das 2011 zum zweiten Mal organisiert wurde (www.surffestival.de).
In den Bann des Balles ziehen dagegen die Deutschen Meisterschaften im Beach-Volleyball, die seit 1993 am Timmendorfer Strand ausgetragen werden, ihre Besucher. Spannende Matches, untermalt mit lauter Musik und fröhlicher Wettkampfstimmung, sorgen für ausgelassene Beachparty-Atmosphäre.

Historische Feste

Viele der regionalen Feste haben einen traditionellen Hintergrund und machen ein Stück Vergangenheit wieder lebendig. Dazu gehören z. B. das Preetzer Schusterfest, das zum Andenken an die einstige Schusterstadt mit ihren 150 Werkstätten stattfindet, ebenso die Kappelner Heringstage, die an die früheren Fangmethoden mit Heringszäunen erinnern, sowie die Rumregatta und die Twiebakken-Regatta, bei der historische Schiffe bei Flensburg und auf der Schlei um die Wette segeln. Während des Piratenspektakels in Eckernförde übernehmen die Seeräuber das Zepter in der Stadt und Schleswig verwandelt sich an den Wikingertagen in eine alte Wikingerstadt, in der man das Leben und die Arbeit der rotblonden Nordmänner einmal selbst ausprobieren kann. Viel Geschichte gibt es auch auf dem Klosterfest in Cismar: Rund um das berühmte Benediktinerkloster, das aus dem 13. Jh. stammt, findet einer der schönsten Kunsthandwerkermärkte an der gesamten Ostseeküste statt.

▶ *Große Windjammerparade bei der Kieler Woche.*

Natur & Umwelt
Küste und Meer

Kontrastreich zeigt sich die in der letzten Eiszeit entstandene Region: Schroffe Steilküsten wechseln sich mit weichen Sandstränden ab, tief eingeschnittene Förden reichen weit ins sanft hügelige Hinterland und unzählige Wasserflächen glitzern mit den im Frühjahr gelb blühenden Rapsfeldern um die Wette.

Von Gletschern geformt

Ohne die letzten beiden Eiszeiten wäre Schleswig-Holstein nichts weiter, als eine Ansammlung kleiner Inseln in einem großen Meer. Bedingt durch die vollständige Vergletscherung Skandinaviens, begannen jedoch Gletscher nach Süden vorzustoßen, die Geröll und Gesteinsschutt mittransportierten und dort ablagerten. So füllten sich die Lücken zwischen den einstigen Inseln und ein fester, fruchtbarer Untergrund entstand. Auch die heute noch gut erkennbaren, typisch eiszeitlich geprägten Oberflächenformen sind den tonnenschweren Gletschern zu verdanken. Bei ihrem Weg Richtung Süden schoben die gewaltigen Eismassen große Geröllmengen – sogenannte Moränen – mehrere 100 Meter hoch an der Stirnseite des Gletschers zusammen, die nun die Hüttener Berge, den Tüteberg und den Kieler Berg bilden. Durch die ständige Gletscherbewegung wurden außerdem tiefe Rinnen und Becken ausgeschürft, die sich nach beim Abtauen des Eises mit Wasser füllten. Aus Zungenbecken, Toteislöchern und unterirdischen Hohlräumen entstanden so die über 300 Seen des Landes. Auch die für Schleswig-Holstein charakteristische Fördenküste geht auf die Eismassen zurück. Meterdicke Eiszungen schlängelten sich von Osten kilometerweit auf das Festland und erschufen die Flensburger Förde, die Schlei, die Eckernförder Bucht sowie die Kieler Förde. Nach Abschmelzen des Inlandeises füllten sich die nach Westen trichterförmig verengten Buchten mit Meerwasser aus der Ostsee.

Entstehung der Ostsee

Auch die Entstehung der Ostsee selbst ist stark durch die letzte Eiszeit geprägt. Das Abschmelzen des Eispanzers über Skandinavien bewirkte eine Ansammlung des Schmelzwassers als Süßwassersee in der Baltischen Senke. Durch weiteres Abschmelzen bildete sich mehrere Tausend Jahre später eine Verbindung zur Nordsee, sodass aus dem Baltischen Eissee das salzhaltige Yoldiameer wurde. Befreit von einem großen Teil der Last des stellenweise bis zu 3.000 m dicken Eispanzers, hoben sich jedoch die Landmassen an, die schmale Wasserverbindung zur Nordsee wurde gekappt und das Yoldiameer wurde wieder zum Binnensee. Die heute noch existente Verbindung zur Nordsee entstand durch einen schmelzwasserbedingten weiteren Meeresspiegelanstieg, in dessen Folge die Landflächen zwischen Norddänemark und Südschweden überflutet wurden. Da die Meerenge zwischen Ost- und Nordsee jedoch sehr flach ist und außerdem noch durch die Darßer Schwelle, einen unterseeischen Beckenrand, behindert wird, findet nur ein geringer Wasseraustausch statt – was sich über kurz oder lang auf den Wasserhaushalt der Ostsee

▶ *Wald und Wiesen im Hinterland.*

auswirkt, da zu wenig sauerstoffreiches Salzwasser einströmt. In regelmäßigen Abständen treffen sich deshalb die Anrainerstaaten, um geeignete Gegenmaßnahmen zu beschließen.

Strandformen

Kennzeichnend für die Ostseeküste Schleswig-Holsteins ist der Wechsel zwischen Steil- und Flachküsten. Erstere werden von einem meist schmalen, steinigen Strand am Fuß der steil aufragenden Felsküste – auch Kliff genannt – gesäumt. Die ständige Brandungswirkung unterspült im Laufe der Jahre den unteren Bereich der Steilküste, bis schließlich irgendwann die überstehende obere Kliffkante abbricht und ins Meer stürzt. So weicht die Küstenlinie immer mehr zurück. Anders ist es bei Flachküstenabschnitten. An diese wird durch Strömungen Material angelagert, sodass sich parallel zum Strand verlaufende Landzungen – sogenannte Nehrungen – bilden. Wächst diese weiter, wird die Bucht nach und nach vom offenen Meer abgeschnitten, es bildet sich ein Haff. Ein schönes Beispiel dafür ist die kilometerlange Nehrung bei Heiligenhafen unweit von Fehmarn.

Küstenschutz

Wind und Wellen zehren an der Küste und überschwemmen sie von Zeit zu Zeit. Dünen bilden dagegen einen natürlichen Schutz. Ihre Entstehung verdanken Dünen auf den ersten Blick unscheinbaren Pflanzen. Die weiten Ausläufer der Strandquecke sammeln Sand in ihrem

▶ *Der Falckensteiner Strand: eine Flachküste.*

Windschatten und halten ihn dort fest. Wenn die Düne weiter wächst, verliert die Strandquecke jedoch den Zugang zum Grundwasser und zieht sich zurück, sodass sich Strandroggen und -hafer ansiedeln können, die mit ihren bis zu 6 m langen Wurzeln der Düne zusätzlichen Halt geben.
Im weiteren Verlauf siedeln sich je nach Standort weitere salz- und windresistente Pflanzen wie der lila blühende Meersenf, das Habichtkraut und die blaue Stahldistel an. Das Endstadium der Dünenbildung kennzeichnen schließlich große Buchen- und Steineichenwälder. Eindrucksvoll wird der Aufbau einer Dünenlandschaft in der Lübecker Bucht und bei Hohwacht sichtbar. Künstliche Schutzmaßnahmen gegen Strömungen und die Brandung sind Wellenbrecher und Buhnen. Letztere werden aus Pfählen im rechten Winkel 50 bis 90 m weit ins Meer gebaut.

Naturschutzgebiete

Um den Lebensraum und die Rückzugsgebiete vieler bedrohter Tier- und Pflanzenarten zu bewahren, die in Schleswig-Holstein beheimatet sind, stehen folgende Landesteile unter Naturschutz: Geltinger Birk, Pugumer See, Holnis Noor, Tal der Langballigau, Halbinsel Oehe, bewaldete Düne bei Noer, Schwansener See, Nordteil des Selenter Sees, Sehlendorfer Binnensee, Graswarder, Aalbeek-Niederung/Hemmelsdorfer See.

Naturparks

Anders als die streng geschützten Naturschutzgebiete, dienen Naturparks der Erholung der Menschen und sollen auch für touristische Zwecke nachhaltig genutzt werden. Im Hinterland der schleswig-holsteinischen Ostseeküste erstrecken sich gleich drei der Parks: der Naturpark Westensee, der Naturpark Hüttener Berge und der Naturpark Holsteinische Schweiz.

Flora & Fauna

Typisch für die Küstenlandschaft sind Salzwiesen, deren Flora sich an den hohen Salzgehalt angepasst hat. Dazu gehören z. B. Salzbinsen, Strandhafer und Silbergras. Im Hinterland zeigt sich dagegen eine Kulturlandschaft mit Wiesen, Feldern und Wäldern. Hier leben vor allem Schwarz-, Reh- und Damwild. Im Naturpark Holsteinische Schweiz sind scheue Fischotter heimisch, während die Kalkberghöhlen bei Bad Segeberg Fledermäusen als Quartier dienen. Prägend für das Bild der Ostseeküste sind jedoch die zahlreichen Vogelarten, die an den offenen Wasserflächen, in den Schilfgürteln sowie den Schonungen und Knicks sichere Rast- und Nistplätze finden. Neben den Möwen, die frech zwischen flanierenden Strandurlaubern auf Futtersuche gehen, trifft man auf Seeschwalben, Flussregenpfeifer, Drosselrohrsänger und Uhus. Auch die majestätischen Seeadler können mit etwas Glück gesichtet werden.

Flensburger Förde & Angeln

Hoher Norden

Kleine und kleinste Dörfer liegen weit verstreut in der lieblichen Hügellandschaft Angelns. Ruhe und Natur finden Urlauber hier vor, dazwischen blitzt als herausragende Sehenswürdigkeit das Wasserschloss Glücksburg auf. Geschäftiger geht es dagegen in Flensburg zu, wo dänische Gelassenheit auf maritimes Hafenflair trifft.

▶ FLENSBURG

88.500 Einwohner

Über 700 Jahre Handel und die jahrhundertelange deutsch-dänische Geschichte prägen das Flair der nördlichsten Stadt Deutschlands. Geschäftig geht es rund um den Hafen zu, von dem die Seefahrer bereits im 12. Jh. zu Fahrten über die Weltmeere aufbrachen. Heute ist die Stadt vor allem für „Punkte" in der Verkehrssünderkartei und die Erotikpionierin Beate Uhse berühmt.

Südliche Altstadt

Rund um den heutigen **Johanniskirchhof** begann um 1200 die Besiedlung. Das älteste Gebäude ist die spätromanische **St. Johannis-Kirche**, deren Inneres mit einem reich bemalten Gewölbe beeindruckt. Nicht weit davon entfernt liegt der **Berliner Platz** mit dem **Deutschen Haus**, das 1930 nach einem Votum der Flensburger für Deutschland von Berlin gestiftet wurde. Schräg gegenüber stand im 13. Jh. das Franziskanerkloster St. Katharinen – die Mauerreste wurden im nachfolgenden **Hospital und Kloster zum Heiligen Geist** verwendet.

Nach wenigen Schritten gelangt man in die **Rote Straße**, den Beginn

der Fußgängerzone und ein wahres Schmuckkästchen. Fünf Höfe säumen die Westseite der netten Gasse und versetzen Besucher zurück in vergangene Zeiten: Eng, gemütlich und lebendig geht es in den kleinen Werkstätten, Galerien und Gaststuben zu, die einst Kaufleute und Handwerker bewohnten.
Am Nordende der Gasse schließt sich der **Südermarkt** an, der von der größten Kirche Flensburgs beherrscht wird: **St. Nikolai**. Die aus dem 14. und 15. Jh. stammende Kirche wirkt von außen eher nüchtern, verbirgt im Inneren allerdings ein verspielt wirkendes Taufbecken und eine mit filigranen Schnitzereien verzierte Orgel mit mehr als 6.000 Orgelpfeifen. Auch ein historisches **Kaufmannshaus** und das **Hauptpastorat** der Nikolaikirche sind noch von der Bebauung des alten Marktplatzes erhalten, auf dem schon vor 700 Jahren ein Wochenmarkt stattfand.
Von hier setzt sich die Fußgängerzone über den Holm weiter Richtung Norden fort und teilt die Altstadt in zwei Hälften: Die Hafenseite wurde früher **Groschenseite** genannt, da hier die reichen Kaufmänner wohnten, während die bescheidenen Handwerkshäuser auf der **Fünf-Pfennig-Seite** am Hang standen. Am Ende des von Geschäften gesäumten Holms stechen die schönen Häuserfronten der 1603 erbauten **Ratsapotheke** und des **Stadtpalais** ins Auge.
Hier lohnt sich ein Abstecher zum Museumsberg Flensburg, auf dem das **Heinrich-Sauermann-Haus** eine umfangreiche Sammlung an Volkskunst, Möbeln, Porzellan und Gemälden aus dem 19. Jh. zeigt. Direkt nebenan ist das **Hans-Christiansen-Haus**, das neben Möbeln auch Bilder von der Zeit des Klassizismus bis zur Gegenwart ausstellt, u. a. Emil Nolde. Über die heimische Tier- und Pflanzenwelt informiert das angeschlossene **Naturwissenschaftliche Museum** (Museumsberg 1, Tel.: 04 61 / 85 29 56, www.museumsberg.flensburg.de, April–Okt. Di bis So 10–17 Uhr, Do bis 20 Uhr, Nov.–März Di bis So 10–16 Uhr, Do bis 20 Uhr, Erw. 4 €, Kinder ab 6 Jahren 1,50 €).

Nördliche Altstadt

Zurück in der Rathausstraße, schlendert man nun in der Großen Straße weiter vorbei an schönen Häuserfassaden aus Klassizismus, Renaissance und Barock – typisch für die einstigen **Kaufmannshöfe** sind vor allem die großen Torbögen, die in den Hinterhof führen. Mit fünf Stockwerken ist der **Westindienspeicher**, in dem früher u. a. der Pure Rum aus Übersee gelagert wurde, der höchste Speicher der Stadt. Nur wenige Meter weiter sieht man am **Brasseriehofspeicher** noch die alten Aufzugserker und Ladeluken für die Waren.
Gleich gegenüber ragt die gotische **Heiliggeistkirche** auf, die seit 1588 der dänischen Gemeinde als Kirche dient. Wertvolle Malereien aus dem

15. Jh. schmücken die Innenwände. Vorbei an exklusiven Boutiquen und Restaurants erreicht man schließlich den **Nordermarkt**, auf dem im Sommer die Tische und Stühle der Cafés bis an den plätschernden Neptunbrunnen reichen. Gleich dahinter liegt der Kirchplatz mit der **St. Marien-Kirche**, die von eindrucksvollen Glasfenstern und einer wertvollen Orgel bereichert wird. Schräg gegenüber, in der **Marienstraße**, steht ein ganzes Häuserensemble aus dem 18. Jh. unter Denkmalschutz. Am **Kompagnietor** endet die Fußgängerzone schließlich direkt am Hafen. Weiter nördlich befindet sich das Wahrzeichen der Stadt – das **Nordertor**. Auf dem Weg dorthin gibt es in der Norderstraße zahlreiche Geschäfte und Restaurants.

Hafen

Im ehemaligen Zollpackhaus befindet sich das **Schifffahrtsmuseum**, das mit alten Seekarten, Navigationsgeräten und Schiffsmodellen an die alten Seehandelszeiten erinnert (Schiffbrücke 39, Tel.: 04 61 / 85 29 70, www.schifffahrtsmuseum.flensburg.de, im Sommer Di bis So 10–17 Uhr, im Winter bis 16 Uhr, Eintritt 4 €).

Im **Museumshafen** liegen die alten Traditionssegler vor Anker, die einmal im Jahr an der Rumregatta teilnehmen. Das bunte Spektakel, bei dem historische Segelschiffe auf der Flensburger Förde um die Wette segeln, sollte man nicht verpassen. Auch alte Fischkutter, ein Frachtsegler und ein Segelrettungsboot sind am Kai vertäut. Immer sonntags gibt es die Möglichkeit, auf einigen

▸ *Flensburg.*

Booten mitzusegeln (Nachfrage vor Ort, tgl. geöffnet, Eintritt frei). Gleich nebenan werden in der **Museumswerft** Schiffe im Stil des 18. und 19. Jh. nachgebaut oder restauriert. Während man den Schiffsbauern über die Schulter schaut, erfährt man auch, was Kalfatern ist oder wie Planken gebogen werden. Kinder haben sogar die Gelegenheit, unter Anleitung selbst ein kleines Boot zu bauen (7,50 €) – währenddessen können die Erwachsenen im Werftcafé den Blick auf das Hafentreiben genießen (tgl. 10–18 Uhr, im Winter Mo bis Mi Ruhetag) (Schiffbrücke 43–45, Tel.: 04 61 / 18 22 47, www.museumswerft.de, Mo bis Fr 8–17 Uhr, Sa/So 10–17 Uhr, Eintritt 1 €).

ESSEN & TRINKEN

Urig

Hansens Brauerei
Schiffbrücke 16, 24943 Flensburg
Tel.: 04 61 / 2 22 10
www.hansensbrauerei.de
Zum selbstgebrauten Bier lässt man sich deftige Gerichte schmecken. Tgl. geöffnet.

SPORT & FREIZEIT

Campusbad Flensburg
Thomas-Finke-Straße 19
24943 Flensburg
Tel.: 04 61 / 8 07 24 60
www.campusbad-fl.de
Di bis Fr 14–22 Uhr, Sa 10–22 Uhr, So 10–21 Uhr, in den Ferien auch Mo ab 10 Uhr, Tageskarte Erw. 16 € (inkl. Sauna), Jugendliche 10 €.

PHÄNOMENTA

Selbst ausprobieren ist das Motto der Phänomenta, die sich gleich neben dem Nordertor befindet. Spannende Experimente an über 150 Stationen zum Mitmachen und Anfassen erläutern auf spielerische Weise naturwissenschaftliche Phänomene. Für die ganz Kleinen gibt es sogar eine Zwergen-Phänomenta.

Phänomenta
Norderstraße 157–163
24939 Flensburg
Tel.: 04 61 / 14 44 90
www.phaenomenta-flensburg.de
Juni–Sept. und in den Ferien Mo bis Fr 10–18 Uhr, Sa/So und an Feiertagen 11–18 Uhr, Okt.–Mai außerhalb der Ferien Mo bis Fr 9–17 Uhr, Sa/So 11–18 Uhr, Erwachsene 9,50 €, Jugendliche bis 16 Jahre 7 €, Kinder 3–6 Jahre 2 €.

Wildbach, Rutschen und Whirlpools sorgen für spritziges Badevergnügen in dem modernen Erlebnisbad. In der großen Saunalandschaft darf dagegen entspannt werden.

Flensburger Brauerei
Munketoft 12
24937 Flensburg
Tel.: 04 61 / 31 80 21 10
www.flens.de
Mo bis Fr um 10, 14 und 18 Uhr, Eintritt 7 €.
Dreistündige Führung durch die Brauerei – zur Erfrischung gibt es im Anschluss natürlich eine der berühmten Flaschen mit dem „Plopp".

Salondampfer Alexandra
Schiffbrücke 22
24939 Flensburg
Tel.: 04 61 / 2 12 32
www.dampfer-alexandra.de
Ende Mai–Anfang Okt. an den Wochenenden, Erwachsene 10 €, Kinder 5 €.
Fördefahrt mit dem ältesten Dampfschiff der Flensburger Flotte.

MIT KINDERN UNTERWEGS

Kapitänsweg
Am Schifffahrtsmuseum beginnt der 4,8 km lange Wanderweg, auf dem man einen fiktiven Kapitän aus dem 19. Jh. nach seiner Einfahrt in den Hafen begleitet. Ein Steuerradsymbol am Boden weist den Weg zu 14 bedeutenden, historischen Gebäuden und auch weniger bekannten Plätzen. Eine Broschüre erhält man für 1,50 € in der Tourist-Information und im Schifffahrtsmuseum.

RUM-METROPOLE

Im 18. Jh. besaß Flensburg nicht nur die größte Handelsflotte der Ostsee, sondern trieb auch regen Überseehandel – neben Tabak, Tee und Baumwolle wurde vor allem Rum aus der Karibik importiert. Da der frische Rum für Europäer ungenießbar war, wurde er mit Brunnenwasser und Feinsprit verschnitten und trat so seinen Siegeszug auf deutschem Boden an. Auch die typischen Seefahrergetränke Grog und Angler Muck stammen aus dieser Zeit, da Rum als Allheilmittel und zur Förderung der Mannschaftsdisziplin auf See eingesetzt wurde.

ABENDGESTALTUNG

Hinter der Schiffbrücke und rund um den Nordermarkt treffen sich Nachtschwärmer in den Kneipen und Diskotheken.

Porticus 1740
Marienstraße 1, 24937 Flensburg
Tel.: 04 61 / 14 68 14 38
Große Cocktailauswahl und ein bunt gemischtes Publikum.

Niederdeutsche Bühne
Augustastraße 3–5
24937 Flensburg
Tel.: 04 61 / 1 37 90
www.niederdeutschebuehne.de
Theaterstücke und Kabarett auf Platt.

SERVICEINFO

Flensburg Fjord Tourismus GmbH
Tourist-Information
Rathausstraße 2 (ZOB)
24937 Flensburg
Tel.: 04 61 / 9 09 09 20
www.flensburg-tourismus.de

▶ GLÜCKSBURG

5.900 Einwohner

Das Ostseebad Glücksburg liegt direkt an der Flensburger Förde mit Blick auf Dänemark. Bekannt ist der elegante Kurort durch das weiße **Wasserschloss Glücksburg,** zwei der führenden Wellnesshotels in Deutschland mit Spitzengastronomie, den drittgrößten Ironman – den Ostsee-Man Glücksburg – und die größte und traditionsreichste Segelschule

▶ *Schloss Glücksburg.*

Deutschlands, die Hanseatische Yachtschule. Glücksburg verbindet skandinavisches Flair mit maritimem Ambiente. Die Ostsee bei Glücksburg ist eines der schönsten Segelreviere Deutschlands. Hier finden jährlich internationale Regatten statt, die vom renommierten Flensburger Segelclub in Glücksburg veranstaltet werden.
Schloss Glücksburg ist als deutsch-dänisches Königsschloss europaweit bedeutend und heute vor allem als Ausflugsziel sowie für Hochzeiten und Veranstaltungen sehr beliebt (alle Informationen zu Besichtigungen und Veranstaltungen auf Schloss Glücksburg gibt es auf www.schloss-gluecksburg.de). Direkt im Schlosshof befindet sich auch das TouristServiceCenter Glücksburg.

SPORT & FREIZEIT

Fördeland Therme
Sandwigstraße 1, Glücksburg
Tel.: 04 61 / 44 40 70
www.foerdeland-therme.de
So bis Do 10–22 Uhr, Fr/Sa 10–1 Uhr, Tageskarte Erwachsene 14 €, Kinder 3–15 Jahre 11 €.
Tropisches Flair versprüht die Badelandschaft mit Sportbad, Therme und Kinderland. Ein Strömungskanal, mehrere Whirlpools, Schwallduschen, Rutschen und Unterwassermusik sorgen für Badespaß, wohltuendes Schwitzen ist dagegen in der Saunalandschaft angesagt.

Hanseatische Yachtschule
Philosophenweg 1, Glücksburg
Tel.: 0 46 31 / 6 00 00
www.dhh.de
Die traditionsreichste und größte

Segelschule Deutschlands bietet Segel- und Sportbootkurse für Erwachsene und Kinder sowie Schnuppersegeln an.

SERVICEINFO

TouristServiceCenter Glücksburg
Schlosshof
24960 Glücksburg
Tel.: 0 46 31 / 4 07 70
www.gluecksburg.de

▶ HALBINSEL HOLNIS

530 Einwohner

Der Glücksburger Ortsteil Holnis ragt als Halbinsel und nördlichster Zipfel der deutschen Ostseeküste in die Flensburger Förde. Hier finden Urlauber besonders schöne, breite und für Kinder flache Sandstrände sowie naturschöne Steilküsten und atemberaubende Blicke auf die offene Ostsee und das benachbarte Dänemark. Flora und Fauna auf Holnis stehen heute unter Naturschutz. Die weiten Salzwiesen nutzen zahlreiche Vogelarten als Brut- und Rastplatz. Besonders sehenswert ist die Kolonie der Uferschwalben im Kliff an der Westseite. Um die Natur zu schonen, werden Besucher gebeten, auf den ausgewiesenen Wanderwegen zu bleiben, Hunde an der Leine zu führen und keinen Müll zu hinterlassen. Nähere Informationen erhält man in der NABU-Infohütte in Holnis (Tel.: 0 46 31 / 44 16 88). Am Ostufer der Halbinsel, mit Blick auf die Außenförde, liegt der ehemalige **Fährort Holnis**, dessen Fährbetrieb 1875 nach dem Ausbau des Straßen- und Eisenbahnnetzes eingestellt wurde. Das einstige Fährhaus beherbergt heute ein nettes Restaurant (siehe unter Essen & Trinken). Über eine Promenade gelangt man zum flachen **Sandstrand**, der auch für kleine Kinder ideal ist. Da im äußeren Teil der Flensburger Förde fast immer eine steife Brise weht, kann man von hier außerdem zahlreiche Windsurfer auf dem Wasser beobachten.

▶ *Natur pur auf der Halbinsel Holnis.*

ESSEN & TRINKEN

Historisches Flair

Fährhaus Holnis
Holnisser Fährstraße 21
Glücksburg-Holnis
Tel.: 0 46 31 / 6 13 30
Leckere regionale Küche erwartet Gäste im alten Fährhaus, einer typischen Angeliter Hofanlage mit Reetdach und blühendem Garten. Di Ruhetag.

Direkt am Strand
Strandrestaurant Nova
Drei 5, Glücksburg-Holnis
Tel.: 0 46 31 / 6 10 00
Bei herrlichen Ausblicken auf die Ostsee gibt es leckere Kuchen, regionale Küche und typische warme Getränke, wie z. B. Pharisäer. Mo Ruhetag.

SERVICEINFO
Siehe Glücksburg.

▶ LANGBALLIG

1.500 Einwohner

Im Sommer und am Wochenende wimmelt es am tief in der Flensburger Förde gelegenen Hafen von Langballigau nur so von Seglern, die hier einen Zwischenstopp auf dem Weg in die „dänische Südsee" machen. Von der Hafenmole aus kann man das geschäftige Treiben gut beobachten. Nachmittags legen dann kleine Kutter an, die ihren frischen Fang direkt zum Verkauf anbieten. Weiter östlich schließt sich ein schmaler Naturstrand mit einer großen Grünfläche dahinter an.

Tal der Langballigau
Gemächlich plätschert der Bach Langballigau durch die sanften Hügel und den lichten Buchenwald des **Naturschutzgebietes Langballigau**, das in einem 30 m hohen Kliff am Meer endet. Durch starke Regenfälle besteht besonders im Frühjahr und Herbst die Gefahr eines Erdrutsches – dann ist am Strand besondere Vorsicht geboten!

LANDSCHAFTSMUSEUM UNEWATT

Am südlichen Ende des Tals liegt das sehenswerte Landschaftsmuseum, das Dorf und Museum zugleich ist. Ideal eingefügt in das intakte Dorfbild, können fünf restaurierte Museumshäuser besichtigt werden, die einen Einblick in das Alltagsleben im 19. Jh. geben: Ein altes Bauernhaus, eine Räucherei, Scheune, Buttermühle und die holländische Windmühle „Fortuna", von 1878 und bis 1967 als Kornmühle in Betrieb.

Landschaftsmuseum Unewatt
Unewatter Straße 1a, Landballig
Tel.: 0 46 36 / 10 21
www.museum-unewatt.de
Mai–Sept Di bis So 10–17 Uhr, April/Okt. Fr bis So 10–17 Uhr, Erwachsene 4,50 €, Kinder 6–16 Jahre 1 €.

Das idyllische Tal, in dem viele bedrohte Pflanzenarten wie Orchideen, Schachtelhalm, Sumpfdistel und -dotterblume blühen, dient auch Zugvögeln auf ihrem Weg in den Süden als Rastplatz.

SERVICEINFO
Touristikverein Amt Langballig
Süderende 1
24977 Langballig
Tel.: 0 46 36 / 88 80
www.tourismus-langballig.de

▶ FLENSBURGER FÖRDELAND

5.500 Einwohner

Zwischen Langballig und Gelting verstreut liegen mehrere malerische Dörfer, die alle den herrlichen Blick auf die Flensburger Außenförde gemeinsam haben. Hier ragt auch der 69 m hohe **Scheersberg** auf, der von einem rund 30 m hohen **Bismarckturm** gekrönt wird. Der 1903 eingeweihte Turm konnte nur mit Hilfe der Bevölkerung fertiggestellt werden – die Namen der Spender sind zum Dank in den Fuß des Turms gemauert. Eine Plattform ermöglicht einen weiten Blick über die Geltinger Bucht und die Fröruper Berge. Den Schlüssel für den Turm erhält man im Fitness-Studio gegenüber (Tel.: 0 46 32 / 2 90, Eintritt 1 €).

In unmittelbarer Nähe zum Scheersberg befindet sich der Ort **Steinbergkirche**, sozusagen der touristische Hauptort der beschaulichen Region. Hier ragt die romanische **Kirche St. Martin** auf, deren geschnitzter, spätgotischer Altar aus dem 15. Jh. stammt.

Deutlich älter ist die **St. Marien-Kirche** in Sörup, einem Dorf etwa 8 km südwestlich von Steinbergkirche, das in einer idyllischen Moor- und Seenlandschaft liegt. Im Inneren der Kirche, die zu den schönsten Granitquadersteinkirchen Angelns aus dem 12. Jh. gehört und von einem 57 m hohen Turm geziert wird, beeindruckt ein wertvolles romanisches Taufbecken aus Gotland.

SERVICEINFO

Tourist-Information
Holmlück 2
24972 Steinbergkirche
Tel.: 0 46 32 / 84 91 40
www.steinbergkirche.de

▶ GELTINGER BUCHT

1.900 Einwohner

Vor allem Seglern ist die Geltinger Bucht ein Begriff, denn sie markiert den Übergang von der Flensburger Außenförde zur offenen Ostsee. Kontrastreich zeigt sich die weite Bucht mit dem tiefblauen Wasser und weiten Feldern, zwischen denen immer wieder bizarr geformte Bäume auftauchen, die Windflüchter genannt werden. Ihren Namen verdanken sie dem beständigen Seewind, durch den sich Sträucher und Bäume im Laufe der Jahre immer stärker auf die windabgewandte Seite neigen. Etwas abseits der Küste liegt der kleine Ort Gelting,

▶ *Die Geltinger Birk aus der Luft.*

der als einer der ersten Kneipp-kurorte an der Ostsee gilt. Hier beeindruckt die spätgotische **Backsteinkirche Heilige Katharina**, deren Innenraum ein mächtiger Schaualtar, ein prächtiges, geschnitztes Taufbecken und mehrere Adelslogen beherrschen. Das sehenswerte, dreiflügelige **Herrenhaus** aus dem 17. Jh. befindet sich dagegen in Privatbesitz und kann nur von außen besichtigt werden.

Geltinger Birk

An der Spitze der östlichen Landzunge der Bucht erstreckt sich das 773 Hektar große Naturschutzgebiet. Seit 1934 stehen die Dünen, Salzwiesen und Schilfsümpfe unter Schutz und bieten rund 170 Vogel- sowie zahlreichen anderen Tierarten einen Rückzugsort. Bei einer Wanderung durch die ruhige Landschaft, in der immer wieder die sonderbar geformten Windflüchter zu sehen sind, trifft man deshalb z. B. auch auf Koniks – ausgewilderte Hauspferde – oder zottelige Highland-Rinder.

In Falshöft informiert das Zentrum „Integrierte Station Geltinger Birk" über den Schutz und die Entwicklung der Region (Tel.: 0 46 43 / 1 86 09 11, Mo bis Fr 8–16 Uhr, Sa/So 10–18 Uhr, Eintritt frei).

Von dort und von der Hütte des Naturschutzbundes (Tel.: 0 46 43 / 18 94 74) werden naturkundliche Führungen angeboten.

Ein besonders schöner Platz, um den Rundgang durch die Birk ausklingen zu lassen, ist bei der Windmühle Charlotte. Die alte Schöpfmühle stammt aus dem Jahr 1824 und entwässerte einst das Noor, wie Binnenseen hier genannt werden.

ESSEN & TRINKEN

Mit Meerblick

Strandhotel Dudek
Steinberghaff 22, 24972 Steinberg
Tel.: 0 46 32 / 17 55
www.strandhotel-steinberghaff.de
In gemütlicher Atmosphäre genießt man Leckeres aus der Region. Mo und Di Ruhetag.

Stilvoll

Steinberger Hof
Süderstraße 1, 24972 Steinberg
Tel.: 0 46 32 / 87 63 51
www.hotel-steinberger-hof.de
Gutbürgerliche, frische Küche mit extra Gerichten für Kinder. Mo Ruhetag.

Am Jachthafen

Nisgrau Fährcafe
Bonsberg 5, 24395 Niesgrau
Tel.: 0 46 43 / 24 66
www.faehr-cafe.de
Regionale und saisonale Spezialitäten erwarten Gäste des netten Restaurants. Mo Ruhetag.

SERVICEINFO

Tourist-Information
Nordstraße 1a
24395 Gelting
Tel.: 0 46 43 / 7 77
www.gelting.de

Schlei/Ostsee und Halbinsel Schwansen

Wikinger & ein traumhafter Ostseefjord

Malerisch schlängelt sich die Schlei über 40 km landeinwärts. Weite Felder säumen die Ufer, zwischen denen verträumte Orte mit reetgedeckten Häusern und kleinen Häfen verstreut sind. Bei den Wikingern galt die schmale Meeresbucht als wichtiger Schifffahrtsweg zur Handelsstadt Haithabu – heute zählt sie zu den beliebtesten Segelrevieren in Schleswig-Holstein.

▶ SCHLESWIG

24.100 Einwohner

Kultur und Kunst prägen die malerische Stadt am Schleiende, die zu den ältesten Städten in Nordeuropa zählt. Die Wikinger errichteten hier ihre legendäre Stadt Haithabu, die sich zum bedeutendsten Handelszentrum in Norddeutschland entwickelte. 1066 wurde die Wikingersiedlung von den Slawen zerstört und etwa 3 km entfernt der Grundstein für das heutige Schleswig gelegt.

Altstadt

Mitten in der Altstadt steht der imposante **St. Petri-Dom**, einer der mächtigsten Sakralbauten des Landes. Schon von Weitem ist die 112 m hohe Turmspitze zu sehen. Im Inneren beeindrucken ein prachtvoller Altar von Hans Brüggemann, der mit Fresken verzierte Chor und die Wandgemälde. Sehenswert ist auch der „Schwahl", ein mit Fresken und Gemälden gestalteter Kreuzgang aus dem 14. Jh. Rund um den Dom sind noch einige alte Häuser wie der **Königssteinsche Palais** aus dem 15. Jh., der **Plessenhof** von 1798 oder der Hattenhof, der früher als Domschule genutzt wurde, zu finden. Über den schmalen Apothekergang gelangt man zum **Rathausplatz** im Zentrum

der Altstadt, wo Cafés rund um einen Springbrunnen zum Verweilen einladen. Hier steht auch das sogenannte **Graukloster** aus dem 12. Jh., in dem heute das Rathaus untergebracht ist.
Über schöne Kopfsteinpflastergassen erreicht man die malerische **Fischereisiedlung Holm**, die einst als Insel in der Schlei lag, später aber durch einen Damm mit dem Festland verbunden wurde. Niedrige Fischerhäuschen verbreiten ein uriges Flair – besonders nett sind die zweigeteilten, auch nur oben zu öffnenden „Klöndoren", die zu einem kleinen Schwätzchen (Klönschnack) mit Passanten einladen. Wie der Alltag der Bewohner aussah, erfährt man im **Holm-Museum** in der Süderholmstraße (Tel.: 0 46 21 / 93 68 20, tgl. 10–18 Uhr, Eintritt frei). Geht man weiter am Ufer der Schlei entlang, erreicht man wenig später das **St. Johannis-Kloster**, einem ehemaligen Benediktinerkloster, das von schönen, alten Bäumen umgeben ist. Seit dem 16. Jh. dienen die Gebäude als adeliges Damenstift – heute werden sie zum Teil auch als Wohnungen vermietet (Besichtigung nach Anmeldung unter Tel.: 0 46 21 / 2 42 36, www.st-johannis-kloster.de).

Neustadt

Nordwestlich des historischen Stadtkerns lohnen einige Museen in der Neustadt einen Besuch. Das **Stadtmuseum** beschäftigt sich mit der Geschichte und Kultur der Stadt, während die kleinen Besucher im **Teddy Bär Haus** ihre Freude haben werden (Friedrichstraße 9–11, Tel.: 0 46 21 / 93 68 20, www.stadtmuseum-schleswig.de, Di bis So 10–17 Uhr, Erwachsene 4 €, ermäßigt 2 €). In einem separaten Gebäude ist außerdem das **Museum für Outsiderkunst** untergebracht, das die Werke von Künstlern, die am Rande der Gesellschaft lebten, ausstellt (Stadtweg 57, Tel.: 0 46 21 / 85 08 39, Mi und Do 14:30–17:30 Uhr, Sa 11–14 Uhr, Erwachsene 1 €, ermäßigt 0,50 €). Sehenswert ist auch das **Volkskunde Museum**, das sich in einem einstigen Futterlager auf dem Hesterberg befindet. Neben Ausstellungen zum bäuerlichen Alltag, der Fischerei und der Bevölkerung von Schleswig-Holstein finden hier auch Museumsfeste und Aktionstage statt (Suadicanistraße 46–54, Tel.: 0 46 21 / 9 67 60, April–Okt. Mo bis Fr 10–17 Uhr, Sa/So bis 18 Uhr, Nov.–März Di bis Fr 10–16 Uhr, Sa/So bis 17 Uhr, Eintritt 5 €, ermäßigt 3 €).

Schloss Gottorf

Mehrere Jahrhunderte lang war das größte Schloss Schleswig-Holsteins Regierungssitz der Herzöge und gleichzeitig eines der kulturellen Zentren des Landes. Erst nachdem es 1713 an die dänische Krone fiel, verlor es an Bedeutung. Heute befinden sich in den prachtvollen Räumen die beiden Landesmuseen, die die Archäologie, Kunst und Kulturgeschichte aus sechs Jahrhunderten zusammenführen. Zu den Hauptattraktionen gehören die etwa 2.000 Jahre alten Moorleichen, die aus den umliegenden Mooren geborgen wurden. Beeindruckend ist auch der originalgetreu rekonstruierte Barockgarten, der mit Terrassen, Wasserspielen und einem Teich zum Flanieren einlädt. Dort steht auch das moderne Globushaus, ein begehbares Planetenhaus (Schlossinsel 1, Tel.: 0 46 21 / 81 32 22, www.schloss-gottorf.de, April–Okt. Mo bis Fr 10–17 Uhr, Sa/So bis 18 Uhr, Nov.–März Di bis Fr 10–16 Uhr, Sa/So bis 17 Uhr, Erw. 9 €, ermäßigt 5,50 €, Schlossgarten nur im Sommer geöffnet, Eintritt 2 €, Globushaus 10 €, ermäßigt 7 €).

3 WIKINGERMUSEUM HAITHABU

In die Welt der Wikinger, wie man die gefürchteten Seekrieger mit den Drachenkopfschiffen nannte, die aus Skandinavien kamen, taucht man im Freilichtmuseum Haithabu ein. Das einzige Wikingermuseum in Deutschland beschäftigt sich intensiv mit dem Alltag und der Kultur der Nordmänner – zwischen liebevoll rekonstruierten Häusern, einem original Wikingerschiff und unzähligen Alltagsgegenständen scheint die vergangene Zeit fast lebendig.

Wikingermuseum Haithabu
Am Haddebyer Noor 5
24866 Busdorf
Tel.: 0 46 21 / 81 32 22
www.haithabu.de
April–Okt. tgl. 9–17 Uhr, Nov.–März Di bis So 10–16 Uhr, Erwachsene 7 €, ermäßigt 5 €.

Dannewerk

Aus dem 8. Jh. stammt der imposante Erdwall südwestlich von Schleswig, den die Dänenkönige zum Schutz gegen das Frankenreich errichteten. Beim Dorf Klein-Dannewerk durschneidet der Ochsenweg – ein alter Heerweg – die Anlage. Mehr über die Geschichte des Bollwerks erfährt man im Danevirke-Museum (Ochsenweg 5, Tel.: 0 46 21 / 3 78 14, www.dannewerk.de, Mitte März–Mitte Okt. Di bis Fr 9–17 Uhr, Sa/So 10–17 Uhr, Feb.–Mitte März und Mitte Okt.–Nov. Di bis So 10–16 Uhr, Eintritt 2 €).

ESSEN & TRINKEN

Traditionsreich

Hotel Hohenzollern
Moltkestraße 41, Schleswig
Tel.: 0 46 21 / 90 60
www.hotel-hohenzollern.de
Eine umfangreiche Speisekarte mit regionalen und internationalen Gerichten erwartet Gäste des eleganten Restaurants. Tgl. geöffnet.

Am Hafen

Café & Restaurant Im Speicher
Am Hafen 5, Schleswig
Tel.: 0 46 21 / 2 55 25
www.im-speicher.de
Köstliche Fischgerichte genießt man in dem geschichtsträchtigen Gebäude. Tgl. geöffnet.

ABENDGESTALTUNG

Landestheater Schleswig
Lollfuß 49–53, Schleswig
Tel.: 0 46 21 / 2 59 89
www.sh-landestheater.de
Das Theater in Schleswig bietet Vorstellungen für Groß und Klein – Konzerte, Komödien sowie Kinder- und Jugendstücke.

SERVICEINFO

Tourist-Information
Plessenstraße 7
24837 Schleswig
Tel.: 0 46 21 / 85 00 56
www.schleswig.de

▶ MISSUNDE

500 Einwohner

Nur wenige Kilometer östlich von Schleswig liegt der kleine Ort Missunde am Südufer der Schlei, in dem die **Schleifähre** anlegt. Bis 1969 musste ein Fährmann die Seilfähre mit reiner Muskelkraft bewegen, heute setzt eine Motorfähre über. Im alten Fährhaus befindet sich nun ein gemütliches Restaurant, dessen tolle Lage durch ein leckeres Angebot an frischem Fisch ergänzt wird (siehe unter Essen & Trinken). Im Hinterland von Missunde versetzt ein altes **Hünengrab** zurück in die Steinzeit. Die Grabanlage, die 2.900–2.600 v. Chr. entstand, stammt von den ersten Siedlern Schleswig-Holsteins, die Ackerbau und Viehzucht betrieben. Eine Informationstafel weist die Stätte als archäologisches Denkmal aus und liefert nähere Erklärungen.

DIE SCHLEI

Vorbei an romantischen Buchten, fruchtbarem Ackerland und grünen Wiesen ragt der Ostseefjord rund 40 km weit ins Landesinnere. Im Gegensatz zu den anderen Förden öffnet sich die Schlei nicht zur Ostsee, sondern hat wegen zwei aufeinander zuwachsender Nehrungshaken nur einen schmalen Zufluss. Ihre engste Stelle erreicht sie bei Missunde, bevor sie sich zur Großen Breite vor Schleswig öffnet. Mit den weit verstreuten, kleinen Schleidörfern zählt die Gegend zu den schönsten in ganz Schleswig-Holstein. Per Rad, Schleifähre oder mit dem Segelschiff lässt sich die abwechslungsreiche Landschaft am besten erkunden. Vielen dürfte die Gegend aus der ZDF-Fernsehserie „Der Landarzt" bekannt sein. In Kappeln und den umliegenden Schleidörfern wird die beliebte Serie seit 1986 produziert.

SERVICEINFO

Tourist-Information Die Schleidörfer
Königstraße 3
24392 Süderbrarup
Tel.: 0 46 41 / 20 47
www.ostseefjordschlei.de

ESSEN & TRINKEN

✕ *Blick auf die Schlei*

Missunder Fährhaus
Missunder Fährstraße 33
24864 Missunde
Tel.: 0 46 22 / 6 26
www.missunder-faehrhaus.de
Fangfrischer Fisch und regionale Spezialitäten gehören zu den Markenzeichen des Traditionsgasthauses. Tgl. geöffnet.

▶ ULSNIS

680 Einwohner

Ruhig und beschaulich geht es in dem Ort direkt am Wasser zu. Die Wurzeln des Dorfes reichen bis weit in die Vergangenheit zurück: 1338 wurde die **St. Wilhadi-Kirche**, die erste Steinkirche an der Schlei, geweiht. Im Inneren verbirgt sich eine wertvolle, goldverzierte Orgel. Etwas versteckt liegt das reetgedeckte Pastorat, das aus dem Jahr 1768 stammt.

Mehr über die Geschichte des Dorfes und das bäuerliche Leben erfährt man in dem kleinen **Dorfmuseum**, das nicht nur hauswirtschaftliche Geräte, sondern auch viele Bilder, Geschirr und eine originalgetreu eingerichtete Werkstatt zeigt (Strandweg, Tel.: 0 46 22 / 26 73, Ostern – Okt. So und Feiertage 14 – 17 Uhr und nach Vereinbarung, Eintritt frei, um Spenden wird gebeten).

ESSEN & TRINKEN

Ehemalige Hofanlage

Café Krog

Kirchenholz 13, 24897 Ulsnis
Tel.: 0 46 41 / 9 89 00
www.cafe-krog.de

Auf der herrlichen Gartenterrasse werden köstliche Kuchen, Torten und Kaffeespezialitäten serviert. Gratis dazu gibt es einen wunderschönen Ausblick auf die Schlei. Gleich nebenan in der Kunstscheune kann man ausgefallene kulinarische und kunsthandwerkliche Geschenkartikel erwerben. Mo Ruhetag.

▶ RIESEBY

2.500 Einwohner

Etwas versetzt im Hinterland liegt der nette Ort, malerisch eingebettet in die Felder-und Wiesenlandschaft der Halbinsel Schwansen. Im Ortsteil Norby steht die **Holländermühle Anna**, die zu den bekanntesten Wahrzeichen der Schleiregion zählt. 1911 erbaut, dient sie heute als **Heimatmuseum** und Kulturzentrum. Über mehrere Etagen erstrecken sich die Ausstellungsräume, in denen prähistorische Fundstücke, handwerkliche Gerätschaften und eine alte Schusterwerkstatt zu besichtigen sind. Der mit Antiquitäten ausgestattete Eingangsbereich wird auch für kulturelle Veranstaltungen genutzt (Möhlnbarg 5, Tel.: 0 43 55 / 7 98, www.muehle-anna.de, Sa/So 14 – 17 Uhr, Gruppenführungen nach Vereinbarung, Eintritt frei). Nur wenige Schritte entfernt, im ehemaligen Müllerhaus, befindet sich das **Atelier im Mühlenhaus**, das Bilder verschiedener Künstler und eine Vielzahl schöner Geschenkideen zeigt (Möhlnbarg 5, Tel.: 0 43 55 / 98 99 81, Mi bis So 14 – 18 Uhr, Eintritt frei).

ESSEN & TRINKEN

Rustikal und frisch

Riesby Krog

Dorfstraße 37, 24354 Rieseby
Tel.: 0 43 55 / 18 17 87
www.riesbykrog.de

Holsteinische Leckereien kommen in der Kneipe auf den Tisch. Mo Ruhetag.

▶ LINDAUNIS

750 Einwohner

In hügeligem Gelände liegt die – von Schleswig aus gesehen – erste feste Schleiüberquerung, die **Klappbrücke** bei Lindaunis. Hier bietet sich ein tolles Schauspiel: Autos, Züge und Fußgänger benutzen abwechselnd die schmale Fahrspur und jede Stunde wird die Brücke dann für Schiffe hochgeklappt. Durch **Lindau** hindurch, wo sich eine schöne **Holländerwindmühle** von 1837 dreht, gelangt man zum **Lindauer Noor,** einem malerischen Seitenarm der Schlei. Ein Abstecher führt zu dem reetgedeckten Herrenhaus Lindauhof, das um 1550 erbaut wurde und als Kulisse für die ZDF-Fernsehserie „Der Landarzt" dient.

▶ SIESEBY

490 Einwohner

Idylle pur zeigt sich im verträumten Sieseby, das als ganzes Dorf unter Denkmalschutz steht. Gemächlich schwappt die Schlei ans schilfbewachsene Ufer und Segler kreuzen grüßend vorbei. Urig sind die reetgedeckten Katen und ihre blühenden Gärten, die bis ans Wasser heranreichen.

Den Mittelpunkt der schmucken Dorfszenerie bildet eine romanische **Feldsteinkirche** aus dem 12. Jh., die man über eine schöne Lindenallee erreicht. Ein Triumphkreuz und eine mit biblischen Reliefszenen geschmückte Kanzel zieren ihr Inneres. Im ehemaligen **Pastorat** neben der Kirche befindet sich heute ein mehrfach preisgekröntes Restaurant. Hochwertiges Kunsthandwerk zeigen fünf verschiedene Künstler aus der Region, die im **Kunsthuset** ihre selbstentworfenen Arbeiten ausstellen und zum Verkauf anbieten. Mit ein wenig Glück trifft man in dem liebevoll dekorierten Haus auch einen der Künstler in seinem kreativen Schaffensdrang (Dorfstraße 24, Tel.: 0 43 52 / 95 63 07, www.kunsthuset.de, Frühjahr–Herbst Mi bis So 11–18 Uhr, im Winter Sa/So 11–17 Uhr, Eintritt frei).

GUT STUBBE

Etwa 5 km von Sieseby entfernt, an der Lindaunisser Schleibrücke, breiten sich die Obstplantagen von Gut Stubbe aus, auf denen Erdbeeren, Johannisbeeren, Zwetschgen, Kirschen, Äpfel und Birnen wachsen. Wer möchte, darf die Beeren und Früchte sogar selbst ernten und mit dem Traktor aufs Feld fahren. Ansonsten bietet ein gut sortierter Hofladen das frische Obst zum Verkauf – außerdem auch Marmelade, Honig, Säfte und Gemüse aus der Region. Mitten zwischen den Himbeersträuchern und Kirschbäumen bietet sich das gemütliche Plantagencafé zu einer ausgiebigen Kaffeepause an. Je nach Saison gibt es dann köstliche, selbstgebackene Beeren-, Zwetschgen- oder Apfelkuchen.

Gut Stubbe
Lindaunisbrücke 3, 24354 Rieseby
Tel.: 0 43 55 / 14 58
www.gut-jstubbe.de
Mo bis So 9–19 Uhr geöffnet (Café und Hofladen).

▶ *Einen herrlichen Ausflug verspricht der Raddampfer „Schlei Princess" in Kappeln.*

▶ ARNIS

280 Einwohner

Auf einer Halbinsel am Nordufer der Schlei liegt die kleinste Stadt Deutschlands. Seit 1934 genießt der malerische Ort Stadtrecht, die Gemeinde selbst existiert dagegen schon deutlich länger. Im 18. Jh. zählte der Ort mit einer großen Schiffsflotte zu den reichsten in ganz Angeln. Landwirtschaftliche Produkte wurden damals nach Skandinavien und sogar bis Westindien verschickt. Doch der Bau der Eisenbahn und die Einführung von Zollgrenzen führt im 19. Jh. schließlich zum wirtschaftlichen Niedergang.

Wer Arnis heute besucht, muss sein Auto auf dem Parkplatz direkt am Ortseingang abstellen und die Stadt zu Fuß erkunden. Das Stadtgebiet besteht praktisch aus einer ca. 600 m langen Hauptstraße, die von schönen, alten Linden gesäumt wird. Rechts und links reihen sich pittoreske **Häuser** mit verzierten Fassaden und kleinen Erkern – Utluchten genannt – an die Allee. Jedes Grundstück auf der Wasserseite hat zudem einen kleinen Anlegesteg. Hübsch sind auch das kleine Rathaus und die **Schifferkirche** aus dem Jahr 1673. An den schlichten Holzbalken der Decke hängen schöne Votivschiffe, die als Dank für Seenotrettungen gestiftet wurden.

Unten am Wasser befinden sich außer der Fähranlegestelle und vier Werften auch mehrere nette Fischrestaurants und ein kleiner **Jachthafen**, in dem Segelboote und kleine Jollen im Wasser schaukeln.

ESSEN & TRINKEN

Über dem Wasser

Zur Schleiperle
Strandstraße, Arnis
Tel.: 0 46 42 / 20 85
www.schleiperle-arnis.de
Auf Pfählen steht das beliebte Restaurant über der Schlei, das vor knapp 20 Jahren um 19 m versetzt wurde. Leckere Fischgerichte und regionale Küche. Mo Ruhetag, Nov. – März Winterpause.

▶ KAPPELN

9.700 Einwohner

An beiden Ufern der Schlei breitet sich die malerische Stadt aus, deren Wahrzeichen die 30 m hohe **Windmühle Amanda**, die größte Holländer-Windmühle Schleswig-Holsteins, ist. 1888 wurde die Holländer-Galeriemühle erbaut, in der sich heute die Touristinformation befindet. Schön anzusehen ist auch die barocke **St. Nikolai-Kirche**, deren kupferner Westturm das Stadtbild überragt. Im Inneren der Feldsteinkirche verbergen sich doppelte Emporen und ein prächtiges Ensemble aus Altar, Kanzel und Sakristei.
Rings um die Kirche laden die kleinen Gassen der Fußgängerzone mit Geschäften, Kneipen und Restaurants zu einem gemütlichen Bummel ein. Fans der ZDF-Serie „Der Landarzt" dürften das Rathaus, die Kirche und die Polizeistation bekannt sein, denn in Kappeln spielt sich das Hauptgeschehen der Serie ab. Vorbei an hübschen Fachwerkhäusern gelangt man hinunter zum Hafen, in dem schon im 17. Jh. Fähren zur Überquerung der Schlei an- und ablegten. Heute spannt sich eine moderne Klappbrücke über die Schleienge.

Museumshafen und -eisenbahn

Gleich neben der Brücke liegen im **Museumshafen** liebevoll restaurierte, historische Frachter und Segler fest am Kai vertäut. Die ältesten Schiffe sind weit über 100 Jahre alt, andere sind originalgetreu rekonstruierte Nachbauten historischer Vorbilder. Viele der Schiffe nehmen jedes Jahr noch an der Heringsregatta nach Sønderborg teil, um dort bei der Rumregatta andere Schiffsoldtimer zu treffen (Nestléweg, Tel.: 0 46 42 / 46 64, www.museumshafen-kappeln.de, jederzeit zugänglich, Eintritt frei).
Hier starten auch Ausflugsfahrten mit dem traditionsreichen **Raddampfer Schlei Princess**, bei denen man sich in die Vergangenheit zurückversetzt fühlt (Tel.: 0 46 42 / 65 32, www.schleiraddampfer.de, Mai – Sept. tgl., Dauer ca. 2 Std., Erwachsene 10 €, Kinder 7 €).
Viel Nostalgie versprüht auch die **Angelner Dampfeisenbahn**, die seit 1904 zwischen dem Hafen in Kappeln und Süderbrarup verkehrt. In alten, skandinavischen Waggons schaukelt man bei einer Fahrt mit der Museumsbahn an Sommertagen durch die schöne Landschaft Angelns

(Bahnhofsweg, Tel.: 0 46 31 / 20 95, www.angelner-dampfeisen bahn.de, Mitte April–Okt. meist So, ab Kappeln um 11 und 14 Uhr, Mi und Sa 14 Uhr, Hin- und Rückfahrt Erwachsene 17 €, Kinder 6–12 Jahre 9 €).

Museen

Einen Besuch lohnt auch das **Schleimuseum**, das über die maritime Geschichte Kappelns informiert (Mittelstraße 7, Tel.: 0 46 42 / 14 28, www.schleimuseum.de, April–Okt. Di bis Sa 10–12:30 Uhr und 13:30–17 Uhr, Eintritt 2 €).
Im alten Sägewerk an der Mühle Amanda befindet sich nun das **Museum Historisches Sägewerk**, das einen Einblick in die Verarbeitung und Aufbereitung von Holz gibt (Schleswiger Straße 1, Tel.: 0 46 42 / 92 10 02, Mai–Okt. Mo bis Do 9–17 Uhr, So 10–16 Uhr, Nov.–April Mo bis Do 8–15 Uhr, Erw. 1,50 €, Kinder 6–14 Jahre 1 €).

ESSEN & TRINKEN

In der Altstadt

Hotel Aurora
Rathausmarkt 6, Kappeln
Tel.: 0 46 42 / 40 88
www.aurora-kappeln.de
Herzliche Gastlichkeit wird mit raffiniert-bürgerlicher Küche kombiniert. Im Winter Mo und Di Ruhetag.

MIT KINDERN UNTERWEGS

Schokoladenküche
Fabrikstraße 17, Kappeln
Tel.: 0 46 42 / 98 80 12
www.schokoladenkueche.de
März–Okt. Di bis So 11–18 Uhr, Nov.–Feb. Di bis Sa 11–18 Uhr, Eintritt frei.
Nicht nur für Schleckermäuler ist der Besuch in der Schokoladenküche, in der Pralinen, Weihnachtsmänner oder Trinkschokolade hergestellt werden, ein echtes Erlebnis.

SERVICEINFO

Touristinformation
Schleswiger Straße 1
24376 Kappeln
Tel.: 0 46 42 / 40 27
www.touristikverein-kappeln.de

▶ MAASHOLM

640 Einwohner

Ihren urigen Charme konnte sich die alte Fischersiedlung bis heute bewahren. Kleine Häuser und Katen reihen sich in zwei schmalen Gassen aneinander, die zum **Hafen** hinunter führen. Dort dümpeln noch einige alte Hochseekutter im Wasser und versprühen maritimes Flair, das man am besten in einer der Hafenkneipen genießt.
Bis weit ins 20. Jh. hinein lebten in Maasholm nur Fischer, denen die Nähe zur Ostsee und die fischreiche Schleimündung zum Lebenserhalt dienten. Erst durch den Bau eines großen **Seglerhafens** kam der Tourismus schließlich in den Ort. 450 moderne Liegeplätze stehen dort zur Verfügung, gleichzeitig ist auch der Weg zu den kilometerlangen, feinsandigen Ostseestränden nicht

▶ *Zeit, die Ruhe der Natur zu genießen.*

weit. Viel Wissenswertes über die Ostsee, die letzte Eiszeit, Sturmfluten und Wikinger erfährt man auf dem **biologisch-geologischen Lehrpfad**. Am Parkplatz Exhöft stehen einige Leihfahrräder kostenlos zur Verfügung, von Juni bis September fährt auch eine Kutsche.
Über den Lehrpfad gelangt man zum **Naturerlebniszentrum Maasholm-Oehe-Schleimünde**. Eine Ausstellung lädt Besucher zu einer Reise durch die Weltmeere, die Ostsee und die Schlei ein. Auf dem Freigelände kann man an interaktiven Erlebnisstationen entdecken, welche Zusammenhänge in der Natur bestehen. So gibt es z. B. ein Hörrohr, einen Sinnesgarten und einen Wind-Wasser-Küstenspielplatz (Exhöft-Seeberg 1, 24404 Maasholm, Tel.: 0 46 42 / 92 16 80, www.naturerlebnis zentrum.de, Freigelände ganzjährig geöffnet, Ausstellung Ostern–Okt. tgl. 11–17 Uhr, Eintritt frei, Spende erbeten). Auf dem Nehrungshaken in der Schleimündung befindet sich das **Seevogelschutzgebiet Oehe-Schleimünde**. In den Dünen, Strandwällen und Salzwiesen brüten Möwen und andere Seevögel, die man bei einer Führung sichten kann – Fernglas und Gummistiefel nicht vergessen (Tel.: 0 46 42 / 61 17, Führungen März–Sept Di bis So 10 Uhr, Dauer ca. 2 Std.).

▶ SCHLEIMÜNDE

Wie eine Barriere versperren zwei aufeinander zuwachsende Nehrungshaken die Mündung der Schlei in die Ostsee. Erst im 18. Jh. wurde die heutige schmale Verbindung geschaffen, die nun den passenden Namen trägt: Schleimünde.
Am äußersten Zipfel der von Norden hereinragenden Lotseninsel weist seit 1871 ein Leuchtturm den Schiffen ihren Weg. Ein kleiner Hafen breitet sich zu seinen Füßen aus, dessen Attraktion die Seemannskneipe „Giftbude" ist (siehe unter Essen & Trinken).

ESSEN & TRINKEN

✕ *Uriges Unikat*

Giftbude
Schleimünde
Tel.: 0 46 42 / 60 04
Nur auf dem Wasserweg ist die gemütliche Kneipe zu erreichen, die während der Sommersaison geöffnet hat. Außer Bier vom Fass gibt es Kaffee und eine kleine, aber feine Speisekarte.

▶ DAMP

1.570 Einwohner

Direkt am Strand, nicht weit entfernt von dem herrschaftlichen Gut Damp, liegt das beliebte **Ostsee Resort Damp**. 1973 wurde die künstlich geplante Anlage eröffnet, die das ganze Jahr über Urlauber anlocken sollte. Deshalb entstand nicht nur ein enormes Angebot an Freizeitmöglichkeiten im In- und Outdoorbereich, sondern auch ein **Vital Centrum** mit Wellness- und Fitnessangeboten. Diese Vielfalt an Möglichkeiten, die Urlauber in Damp erwartet, lässt sie über die typische Architektur der 1970er-Jahre hinwegsehen. Da der Ferienpark weitgehend verkehrsfrei bleiben soll, stellt man sein Auto am besten auf dem großen kostenlosen Parkplatz am Eingang ab. Bereits nach wenigen Gehminuten erreicht man die kleine, von Cafés und Geschäften gesäumte **Ladenstraße**. Hier geht es meist lebhaft zu, denn ganz in der Nähe befindet sich der **Yachthafen**, dessen 400 Liegeplätze im Sommer meist restlos belegt sind. Entlang der Mole reihen sich Restaurants und Cafés wie Perlen aneinander – wer gerne einen Platz ergattern möchte, sollte deshalb besser vorher reservieren oder sich die Zeit mit einem Promenadenspaziergang vertreiben.

Ein Paradies für Badenixen ist der feinsandige, 3 km lange **Strand**, der flach zum Wasser abfällt und außerdem noch einen herrlichen Blick auf die offene Ostsee bietet.

ESSEN & TRINKEN

✕ *Mit Gartenterrasse*

Hof-Café Schau
Schau, Damp
Tel.: 0 43 52 / 54 31
www.hofcafeschau.de
In gemütlicher Atmosphäre kommen Fleisch- und Fischgerichte je nach Saison auf den Tisch. Do Ruhetag.

SPORT & FREIZEIT

Fun & Sport Center mit Fun & Beach Halle
Seeuferweg 20, Damp
Tel.: 0 43 52 / 80 70 00
Hauptsaison tgl. 9–20 Uhr, Nebensaison tgl. 10–19 Uhr, Eintritt 4 €.
Skaten, Klettern und Ballsport: Action pur bietet das moderne Freizeitzentrum mit einer 700 m² großen Skatehalle, 53 verschiedenen Kletterrouten, Boulderbereich und Gletscherwand sowie Squash-, Badminton- und Basketballplätzen. Im Fun & Sport Center befindet sich auch die **Fun & Beach Halle,** in der Strandfeeling und Beachvolleyball auch im Winter oder bei Regenwetter möglich werden. Außerdem kann man hier Beachsoccer und Beachminton spielen (tgl. 10–19 Uhr, Beachvolleyball/Beachsoccer 1 Std. ab 8 €).

Vital Centrum & Saunalandschaft
Seeuferweg 10, Damp
Tel.: 0 43 52 / 80 86 90
Mo bis Fr 16–22 Uhr, Sa/So und an Feiertagen 10–22 Uhr, Sauna tgl. 10–22 Uhr, Schwimmbad:

Erwachsene 5 €, Kinder 3–16 Jahre 3 €; Sauna: Mo bis Fr bis 16 Uhr 13 €, ab 16 Uhr 16 €, am Wochenende 19 €.
Ob Dampfbad, Blockhaussauna oder Aromaaufgüsse – die Saunalandschaft mit acht verschiedenen Saunen sorgt für Entspannung pur. Gleich nebenan kann man sich im herrlich gelegenen Meerwasser-Panoramabad erfrischen.

MIT KINDERN UNTERWEGS

Museumsschiff Albatros
Am Hafen, Damp
www.geotain.de
Jan.–Nov. Sa 13–17 Uhr, So 11:30–17 Uhr, Mai–Okt. zusätzlich Mo bis Fr 13–17 Uhr.
Erwachsene 2,70 €, Kinder 1,60 €.
Spannende Mitmach-Aktionen wie Bernsteinschleifen und Kecherkurse im alten Dampfschiff Albatros behandeln spielerisch die Themen Urzeit, Natur und Geologie.

▶ *Am Hafen in Damp.*

SERVICEINFO

Info-Center Damp
Seeuferweg 10,
Eingang Ostseehotel
24351 Ostseebad Damp
Tel.: 0 43 52 / 80 11 11
www.ostsee-resort-damp.de

▶ SCHÖNHAGEN

327 Einwohner

Das Ostseebad Schönhagen liegt idyllisch und in direkter Strandlage auf der Halbinsel Schwansen. Das Natur- und Strandparadies lockt mit breiten Traumstränden sowie typischer Steilküste, idealen Brandungsangel-Bedingungen sowie schönen Rad- und Wanderwegen entlang der Küste und in das grüne Hinterland bis zum Ostseefjord Schlei. Neben herrlichen Urlaubsunterkünften aller Kategorien bietet Schönhagen ein großes Luxusferienhausgebiet mit Meerblick sowie eine Rehaklinik und das Ferienheim der Hamburger Sportjugend, in dem auch Urlaubsgäste willkommen sind. In direkter Nachbarschaft zum Ostseebad Schönhagen liegt einer der schönsten und größten Campingplätze mit Wohnmobilstellplätzen – Damp Ostseecamping. Wassersportler finden am Strand Boote und eine Surfschule.

SERVICEINFO

Tourist-Information Schönhagen
Strandstraße 13
24398 Schönhagen/Ostsee
Tel.: 0 46 44 / 95 11
www.schoenhagen-ostsee.de

Eckernförder Bucht
Herrenhäuser und Hünengräber

Zwischen der Halbinsel Schwansen im Norden und dem Dänischen Wohld im Süden erstreckt sich die breite Eckernförder Bucht, an der sich lange Sandstrände mit bis zu 30 m hohen Steilküsten abwechseln. Im Hinterland finden sich, versteckt zwischen dichten Wäldern, verwunschenen Mooren und weiten Kornfeldern, alte Adelsgüter.

▶ ECKERNFÖRDE

22.800 Einwohner

Altstadt

Schmale Kopfsteinpflastergassen, schmucke Häuserfassaden und eine lebendige Fußgängerzone prägen das Bild des historischen Stadtkerns von Eckernförde. Den mittelalterlichen Rathausmarkt säumen mehrere Geschäfte sowie das Neue und das Alte Rathaus, in dem sich heute das **Museum Eckernförde** befindet. Über eine imposante Freitreppe gelangt man ins Innere des Gebäudes, wo Sammlungen zur Kultur- und Stadtgeschichte ausgestellt sind. Sehr eindrucksvoll sind Exponate aus der Gildenzeit, der Wadenfischerei und ein Hansens Kolonialwarenladen (Rathausmarkt 8, Tel.: 0 43 51 / 71 25 47, www.eckernfoerde.net/museum, Mai–Okt. Di bis Sa 10–12:30 Uhr und 14:30–17 Uhr, So 11–17 Uhr, Nov.–April Di bis Sa 14:30–17 Uhr, So 11–17 Uhr, Erwachsene 3 €, Kinder 6–14 Jahre 1 €).

Durch einen Torbogen erreicht man den Kirchplatz mit der **St. Nicolai-Kirche**. Die Außenwand ziert ein eiserner Anker, der zu Ehren des Schutzpatrons angebracht wurde. Im Inneren verbergen sich ein wertvoller Altaraufsatz aus Eiche von 1640, zarte Fresken im Chorgewölbe und ein bronzenes Taufbecken.

Hafen

Die Straßen der Altstadt enden mitten im Hafengetümmel. Mittlerweile legen nur noch wenige Fischer an, die ihren Fang zum Verkauf bieten. Jeden ersten Sonntag im Monat beherrschen jedoch die Verkaufsstände des **Fischmarkts** den Hafenbereich, und Butt, Hering sowie Dorsch können fangfrisch erworben werden. Quer über das Wasser spannt sich die **Holz-Klappbrücke**, auf der Fußgänger vom Zentrum in den Stadtteil Borby und zurück flanieren. Ergänzt wird die malerische Szenerie von den kleinen Fischerbooten und zahlreichen Traditionsseglern, die rechts und links davon ankern.

Kurstrand und Promenade

Während die Promenade zum Flanieren einlädt, tummeln sich am feinen Kurstrand die Badefreudigen. Gerade für Kinder ist der flache Strand ein ideales Planschrevier, aber auch für größere Badenixen wird mit Segeln und Surfen viel geboten. Nicht nur bei schlechtem Wetter ist das **Ostsee Info-Center** einen Besuch wert, das spannend über die Entstehung der Ostsee und ihre Tier- und Pflanzenwelt informiert. Ein echtes Erlebnis ist beispielsweise ein simulierter Tauchgang oder das Schleifen von Bernstein (Jungfernstieg 110, Tel.: 0 43 51 / 72 62 66, www.ostseeinfocenter.de, April–Okt. tgl. 10–18 Uhr, Nov.–März tgl. 11–17 Uhr, Erwachsene 4 €, Kinder

GUT ALTENHOF

Reizvoll in die Landschaft des Dänischen Wohlds eingebettet, erstreckt sich das mächtige Herrenhaus am Südufer der Eckernförder Bucht. Da das Gebäude in Privatbesitz ist, kann es allerdings nur von außen begutachtet werden. Im Kurhaus, der liebevoll restaurierten Scheune, finden jedoch Konzerte des Schleswig-Holstein-Musik-Festivals statt. Im Seitenflügel des Adelshofs befindet sich außerdem der Clubraum des Golfclubs Altenhof mit Restaurant (s. u.). Inmitten der Felder- und Wiesenlandschaft der Gutsanlage zählt der 18-Loch-Platz zu den schönsten in der Region. Nicht weit davon entfernt, lohnt auch ein Hochseilgarten mit drei verschiedenen Schwierigkeitsgraden einen Besuch.

Gut Altenhof
24340 Altenhof
www.gutaltenhof.de

Golf-Club Altenhof
Altenhof
Tel.: 0 43 51 / 4 12 27
www.gcaltenhof.de
Mai–Sept. Mo 10–15 Uhr, Di bis So 9–18 Uhr, März/April/Okt. tgl. 10–16 Uhr, Greenfee für Gäste Mo 40 €, Di bis Fr 50 €, Sa/So 65 €, günstige Abendtarife ab 17/18 Uhr.

Natur-Hochseilgarten Altenhof
Am Bahnhof 14, Altenhof
Tel.: 0 43 51 / 66 73 33
www.hochseilgarten-eckernfoerde.de
Juni–Aug. tgl. ab 9 Uhr, April/Mai/Sept./Okt. tgl. ab 10 Uhr, März/Nov. nach Anfrage, Erwachsene 15 €, Kinder bis 12 Jahre 10 €.

4–14 Jahre 2 €). Zurück in die Innenstadt führt die schön gestaltete **Kunstmeile**, die von Kunstwerken lokaler und namhafter Künstler gesäumt wird.

ESSEN & TRINKEN

Traditionsreich

Ratskeller
Rathausmarkt 8, Eckernförde
Tel.: 0 43 51 / 24 12
www.ratskeller-eckernförde.de
Mitten in der Altstadt lässt man sich Spezialitäten aus der Region schmecken. Mo Ruhetag.

SPORT & FREIZEIT

Meerwasserwellenbad
Preußerstraße 1, Eckernförde
Tel.: 0 43 51 / 90 54 00
www.meerwasser-wellenbad.de
Mo bis Do 6–21 Uhr, Fr bis 20 Uhr, Sa/So 9–18 Uhr, Erwachsene ab 3 €, Kinder ab 1,50 €.
www.meerwasser-wellenbad.de
Das Meerwasserhallenbad mit Whirlpool und 75 m langer Wasserrutsche bietet Badevergnügen auch bei schlechtem Wetter sowie herrliche Entspannung in der neuen Saunalandschaft.

Tauchen & Meer
Jungfernstieg 69, Eckernförde
Tel.: 0 43 51 / 32 62
www.tauchschule-eckernfoerde.de
Probetauchgänge ab 40 €.
Die moderne Tauchschule bietet Schnupperkurse, Schulungen und Ausleihmöglichkeiten an. Schnupperkurse ab 55 €.

MIT KINDERN UNTERWEGS

Bonbonkocherei
Frau-Clara-Straße 22, Eckernförde
Tel.: 0 43 51 / 88 99 86
www.bonbonkocherei.de
Di bis So 11–18 Uhr, Sa ab 10 Uhr, Eintritt frei.
In der einstigen Räucherei kann man selbst erleben, wie aus alten Rezepten im Kupferkessel köstliche Bonbonleckereien entstehen.

SERVICEINFO

Eckernförde Touristik GmbH
Am Exer 1
24340 Eckernförde
Tel.: 0 43 51 / 7 17 90
www.ostseebad-eckernfoerde.de

▶ KARLSMINDE & LANGHOLZ

Bei **Karlsminde** beeindruckt eine gewaltige Hünengrabstätte, die etwa 2.500 v. Chr. entstand. Schon von Weitem ist das wuchtige Megalithen-Langgrab zu sehen: Über 100 bis zu 2,5 Tonnen schwere Findlinge wurden zu einem 60 m langen und über 5 m breiten Grab aufgeschichtet. Im Inneren verbergen sich drei Grabkammern, die einst Schmuck und Gerätschaften enthielten. Ein zweites imposantes Hügelgrab findet sich bei **Langholz**. Auf halbem Weg nach Waabs macht man einen Abstecher nach rechts in Richtung Meer und steht so kurz darauf vor dem Großsteingrab, das zwischen 2.900 und 2.600 v. Chr., während der Trichterbecherkultur, errichtet wurde.

ADELSGÜTER

Nicht nur für Hünengräber, sondern auch für Gutshöfe ist die Halbinsel Schwansen bekannt. Entstanden sind die Landbesitze meist schon im 12. Jh., als Adelige die Grundherrschaft zugewiesen bekamen, weil sie Befestigungsanlagen zum Schutz der riesigen Ländereien anlegten. Im Laufe der Jahrhunderte wurden die Güter zu herrschaftlichen Anlagen ausgebaut. Aus dem 15. Jh. stammt das **Gut Hemmelmark**, das idyllisch am gleichnamigen See liegt und als Privatbesitz nur von außen zu besichtigen ist. Nach mehreren Besitzerwechseln gehörte es ab 1896 Prinz Heinrich von Preußen. Er ließ das große Torhaus im traditionellen Baustil errichten, das Herrenhaus jedoch nach Vorbild englischer Cottages. Etwa 3 km weiter entstand im Jahr 1717 **Gut Hohenstein** als Meierhof von Hemmelmark. Ein wunderschöner Park mit Teichen und Teehaus, der reetgedeckte Speicher und die Wirtschaftsgebäude erinnern nicht nur an die vergangenen Zeiten, sondern werden auch heute zweckmäßig genutzt. Im ehemaligen Pumpenhaus haben die Besitzer Ferienwohnungen, im Herrenhaus schöne Appartements eingerichtet (Tel.: 0 43 58 / 10 51, www.gut-hohenstein.de).
Zu den schönsten Barockanlagen von ganz Schleswig-Holstein zählt **Gut Ludwigsburg**, das Baron Friedrich Ludwig von Dehn im 18. Jh. erwarb. Das backsteinerne Wasserschloss wirkt von außen eher schlicht, besticht im Inneren jedoch mit einer prächtigen Treppenhalle und der Bunten Kammer mit ihrer wertvollen Täfelung. Im Mittelpunkt des heutigen Betriebs steht die Pferdezucht – auch Reitstunden sind möglich. Ein kleiner Hofladen im Torhaus bietet heimische Spezialitäten wie Wildschweinefleisch, Karpfen und Honig zum Verkauf an, während die alte Gutsräucherei nun als Café dient. Das Herrenhaus steht zudem für Feste, Trauungen oder Übernachtungen zur Verfügung (Tel.: 0 43 58 / 98 98 33, www.gut-ludwigsburg.net). Eine schöne Allee führt von Gut Ludwigsburg weiter in Richtung Norden zum **Gut Damp**, das sich etwas abseits der Straße hinter hohen Bäumen versteckt. Über eine Brücke gelangt man direkt durch das Torhaus auf den Hof, der von der reetgedeckten Scheune und dem Kuhhaus beherrscht wird. Seit Ende des 19. Jh. gehört das Gut den Grafen von Rewentlow – das dreiflügelige Herrenhaus ist deshalb nur von außen zu besichtigen.

▶ GETTORF

6.750 Einwohner

Im Zentrum des Dänischen Wohlds lohnt der Ort Gettorf einen Besuch. Schon von Weitem grüßt die **Holländer-Windmühle** die Besucher, die mitten im Ort am Karl-Kolbe-Platz aufragt. Die 18,5 m hohe Mühle wurde 1869 erbaut und lief bis 1945 mit reiner Windkraft. Heute beherbergt sie auf drei Ebenen das Gemeindearchiv und die Bücherei. Schräg gegenüber befindet sich das **Heimatmuseum**, in dem Möbel sowie haus- und landwirtschaftliche Geräte aus dem letzten Jahrhundert ausgestellt sind (Mühlenstraße 19, Tel.: 0 43 46 / 82 62 30, Juni–Sept. Mi bis Fr 14–17 Uhr, Okt.–Mai Do/Fr 14–17 Uhr, Eintritt 1 €). Sehenswert ist auch die einschiffige **Backsteinkirche St. Jürgen** mit dem 64 m hohen Wehrturm, deren Außenwände mit Steinritzungen verziert sind. Im Inneren beherbergt sie einen Marienaltar, eine spätgotische Bronzetaufe und eine kunstvoll geschnitzte Kanzel von 1598.

SPORT & FREIZEIT

Tierpark
Süderstraße 33, Gettorf
Tel.: 0 43 46 / 4 16 00
www.tierparkgettorf.de
April–Okt. tgl. 9–18 Uhr, Nov.–März tgl. 10–16 Uhr, Erwachsene 8 €, Kinder 2–13 J. 5 €. Tierpark mit 150 Tierarten, begehbaren Freigehegen und Tropenhalle. Spielplätze und Gastronomie vervollständigen das Angebot. Eine tolle Attraktion ist außerdem das auf dem Kopf stehende „Verrückte Haus“ (gesonderter Eintritt: Erwachsene 4 €, Kinder 3 €).

SERVICEINFO

Fremdenverkehrsverein Dänischer Wohld-Gettorf e.V.
Ringweg 1a
24251 Osdorf
Tel.: 0 43 46 / 35 20 oder 99 22
www.fvv-gettorf.de
www.kiel-touristen.de

▶ SCHWEDENECK

2.900 Einwohner

Schwedeneck wird die nordöstliche Ecke des Dänischen Wohlds mit den Gemeinden **Krusendorf**, **Dänisch-Nienhof**, **Surendorf**, **Hohenhain**, **Stohl**, **Sprenge** und **Birkenmoor** genannt. Ihren Namen erhielt die Gegend im Dreißigjährigen Krieg, als die Schweden sie als Brückenkopf im Kampf gegen die Dänen nutzten.
Heute gilt Schwedeneck als beliebte Ferienregion, deren 16 km langer Sandstrand ideal für sommerliche Badeurlaube ist, während die imposanten Steilküsten auch bei stürmischem Wetter zu ausgiebigen Spaziergängen einladen. Auch das Hinterland verspricht viel Ruhe und Weite: Grüne Wiesen wechseln sich mit gelb blühenden Rapsfeldern und kleinen Wäldchen ab – ein wahres Paradies für Wanderer und Radfahrer.
Zwei herausragende Naturschauspiele zeigen sich am **Stohler Kliff**

und beim Teufelsstein. Ersteres ragt im Norden des Dänischen Wohld empor, wo die Eckernförder und die Kieler Bucht zusammentreffen, und ist eine der schönsten und geologisch interessantesten Steilküsten der ganzen Ostseeküste.
Um den **Teufelsstein** bei Krusendorf rankt sich dagegen eine Legende. Der Teufel persönlich soll den riesigen Findling, der nun unten am Strand aus dem Wasser ragt, von der Halbinsel Schwansen aus gegen die Kirche im Dorf geschleudert haben – ohne Erfolg.
Familien, deren Kinder den Berufswunsch des Feuerwehrmannes hegen, sollten unbedingt dem privaten **Feuerwehrmuseum** von Oswald Wohlfahrt in Birkendorf einen Besuch abstatten (Osdorfer Landstraße 23, Tel.: 0 43 08 / 2 39, www.birkenmoor.de/feuerwehrmuseum, Mai–Sept. Mi, Sa und So 9–17 Uhr sowie nach Vereinbarung).

ESSEN & TRINKEN

✕ *Tapas und Tortillas*

leib & seele – die essbar am meer
Surendorfer Strand, Schwedeneck
Tel.: 0 43 08 / 5 35
Kleines Bistro mit internationalen Snacks. Tgl. geöffnet, in der Nebensaison nur Fr bis So.

SERVICEINFO

Schwedeneck Touristik
Zum Kurstrand 5
24229 Schwedeneck
Tel.: 0 43 08 / 3 31
www.schwedeneck.de

▶ NATURPARK HÜTTENER BERGE

In der waldreichen Hügellandschaft im Hinterland von Eckernförde erstreckt sich der Naturpark Hüttener Berge. Zahlreiche Seen locken Angler, Wassersportler und Wanderer an. Entstanden ist die sanft gewellte Moränenlandschaft in der letzten Eiszeit, aus der auch die riesigen, verstreut liegenden Findlinge stammen. Ganz im Westen des Naturparks ragen die Hüttener Berge auf, darunter der 106 m hohe **Scheelsberg**, der 98 m hohe **Aschberg** und der 92 m hohe **Heidberg** – schöne Wanderwege führen hinauf zu den Gipfeln. Mitten in den Brekendorfer Forsten versteckt sich der **Rammsee**, der im Sommer zum Baden einlädt. Der größte See in dem idyllischen Naturpark, durch den auch der Europäische Fernwanderweg E1 von Flensburg bis Genua verläuft, ist der **Wittensee**. Bewaldete Ufer, sumpfige Verlandungszonen und grüne Wiesen umgeben den silbrig schimmernden See, dessen Fischreichtum vor allem Angler anzieht. Im Sommer kommen auch viele Badegäste, Segler und Wassersportler, während in kalten Wintern Eissegler auf drei Kufen über die gefrorene Seeoberfläche gleiten.

SERVICEINFO

Tourist-Information Hüttener Berge
Hauptstraße 2, 24361 Holzbunge
Tel.: 0 43 56 / 98 61 07
www.redderhus.de

Kieler Förde

Maritimes Großstadtflair

Feinsandige Strände, Containerschiffe und sportliche Segelboote prägen das Bild der Kieler Förde, an deren Ende die Landeshauptstadt Kiel liegt. Kühl und modern wirkt die größte Stadt Schleswig-Holsteins auf den ersten Blick – bei genauerem Betrachten offenbaren sich jedoch eine Menge charmanter Details und viel maritimes Flair.

▶ KIEL

239.500 Einwohner

Viel Wasser prägt die Fördestadt, in der riesige Passagierfähren, kleine Fördedampfer und wendige Segler zum Stadtbild gehören.

Geschichte

Im 13. Jh. legte der Schauenburger Graf Adolf VI. mit dem Bau eines Franziskanerklosters den Grundstein für die heutige Landeshauptstadt. Zwar wurde Kiel auch Mitglied der Hanse, konnte sich aber gegen die anderen Küstenstädte Flensburg und Lübeck nicht durchsetzen. Erst nachdem Herzog Christian Albrecht 1665 die Universität – die erste des Nordens – gründete, begann ein langsamer Aufschwung. Im 18. Jh. kam auch höfischer Glanz in die Fördestadt, die Herzog Friedrich von Holstein-Gottorf als Residenzstadt wählte.

Die gemächliche Entwicklung änderte sich im 19. Jh. schlagartig, als Kiel zum Reichskriegshafen der kaiserlichen Flotte ernannt und Häfen, Kais, Werften sowie Industrie gebaut wurden und Menschen aus ganz Schleswig-Holstein in die Stadt strömten. Nach der Abdankung von Kaiser Wilhelm II. wurde es wieder stiller, bis Kiel im Zweiten Weltkrieg abermals als Marinestützpunkt diente – was der Stadt zum Verhängnis wurde, denn Bombenangriffe zerstörten sie fast vollständig. 1946 erhielt Kiel schließlich eine einflussreiche politische Stellung als Landeshauptstadt des nördlichsten Bundeslands Deutschlands.

Tour durch die Stadt

Ein Spaziergang durch Kiel beginnt am **Sophienhof**, einem modernen Einkaufszentrum am Bahnhof. Durch die **Holstenstraße**, die Fußgängerzone, schlendert man gemütlich an Geschäften, dem Neuen Rathaus und dem **Europaplatz** mit der Veranstaltungshalle Sparkassen-Arena vorbei zum **Bootshafen**, wo man schon einen ersten Blick auf die riesigen Passagierfähren erhaschen kann.

Hier lohnt sich jedoch ein Abstecher nach links in Richtung **Rathausplatz**. Mit Blick auf die Grünflächen und das glitzernde Wasser des Kleinen Kiels steht hier das 1907–1911 erbaute **Alte Rathaus** mit Kiels Wahrzeichen, dem 106 m hohen **Uhrenturm**, der eine umwerfende Aussicht über die Stadt und die Förde bietet (Mai–Sept. Mi/Sa 12:30 Uhr, Erwachsene 3,50 €, Kinder 1,50 €). Flankiert wird der Platz vom **Opernhaus** und dem **Ahlmann-Haus**, Kiels erstem privaten Bankhaus.

Zurück am Bootshafen, an dem übrigens keine Schiffe ankern, dafür aber mehrere Bänke rund um eine Wasserfläche zum Sitzen einladen, geht es nun weiter zum **Alten Markt**. Beherrscht wird der frühere Stadtkern von der eindrucksvollen **St. Nikolai-Kirche**, die im Inneren kunstvolle Wandmalereien, einen Flügelaltar und ein 6 m hohes Triumphkreuz verbirgt.

Nicht weit entfernt sind Teile des 1240 gegründeten **Franziskanerklosters** erhalten, das mehrmals täglich mit einem netten Glockenspiel grüßt. Am Ende der **Dänischen Straße**, die noch von einigen historischen Häusern gesäumt wird, steht die bronzene Stadtgöttin **Kilia**, die zum **Schloss** hinüberblickt. Anstelle der einstigen herzoglichen Residenz steht heute nur noch ein moderner Betonklotz, der als Konzertsaal dient.

Gleich hinter dem Schlossgarten beginnt die beliebteste Flaniermeile der Stadt: die **Kiellinie**. Direkt am Wasser bietet die Uferpromenade einen unglaublichen Ausblick auf die vorbeiziehenden Segler, Wassersportler, Fördedampfer und Passagierfähren. Ein schöner Abstecher führt in den **Alten Botanischen Garten**, eine kleine Ruheoase mit altem Baumbestand und einem filigranen Pavillon mit Fördeblick.

Hinter dem **Landtag** erreicht man schließlich das **Hindenburgufer**, liebevoll „Laufsteg" für Jogger, Skater und Flanieren genannt.

Hier öffnet sich die Förde und man sieht in der Ferne die mächtigen Containerschiffe zwischen dem Nord-Ostsee-Kanal und der offenen See rangieren. Mit der Fördefähre geht es anschließend zurück zum Bahnhof.

Vielfältige Museenlandschaft

Direkt am Hafen, in einer markanten Fischhalle von 1909, präsentiert das **Schifffahrtsmuseum** nautische Instrumente, Gallionsfiguren, Schiffsmodelle und vieles mehr, was zur Geschichte der Seefahrt gehört. Gleich nebenan liegen an der **Museumsbrücke** drei Oldtimerschiffe: Neben dem Feuerlöschboot „Kiel" und dem Dampfschiff „Bussard" beeindruckt der Seenotrettungskreuzer „Hindenburg".

Ganz in der Nähe des Alten Markts ist in den Räumen des einzigen noch erhaltenen Adelshofs das **Stadtmuseum Warleberger Hof** untergebracht. Wechselausstellungen informieren über die Stadtgeschichte des 19. und 20. Jh.

Das größte Museum der Landeshauptstadt ist die am Schlossgraben gelegene **Kunsthalle**, die Werke von Romantik bis zum Expressionismus zeigt.

Der Kunst der Gegenwart widmet sich dagegen die **Stadtgalerie** im neuen Rathaus.

Am Schlossgarten befinden sich auch das **Zoologische Museum** und das **Museum für Völkerkunde**. Die bunte Auswahl der ausgestellten Tierpräparate reicht vom Bandwurm bis zum Skelett eines Blauwals. Im volkskundlichen Teil beeindrucken Statuen, Masken, Schmuck und Menschenschädel, die alle aus den ehemaligen deutschen Kolonien stammen.

Direkt am Wasser lohnt ein Abstecher zum **Aquarium**, nicht nur Kinder sind von den quirligen Seehunden im Außenbecken begeistert. Innen ist in über 30 Becken die heimische Wasserwelt zu sehen – einen farbigen Kontrast dazu bilden Aquarien mit tropischen Korallenriffen.

MUSEEN

Schifffahrtsmuseum
Wall 65, Tel.: 04 31 / 9 01 34 28,
zurzeit wegen Umbau geschlossen.

Stadtmuseum Warleberger Hof
Dänische Straße 19,
Tel.: 04 31 / 9 01 34 25,
Mitte April–Mitte Okt. tgl. 10–18 Uhr, Mitte Okt.–Mitte April Di bis So 10–17 Uhr, Erw. 3 €, ermäßigt 1 €.

Kunsthalle
Düsternbrooker Weg 1,
Tel.: 04 31 / 8 80 57 56,
Di bis So 10–18 Uhr, Mi bis 20 Uhr, Erwachsene 6 €, ermäßigt 3 €.

Stadtgalerie
Andreas-Gayk-Straße 31,
Tel.: 04 31 / 9 01 34 10,
Di/Mi/Fr 10–17 Uhr, Do 10–19 Uhr, Sa/So 11–17 Uhr, Erwachsene 3 €, ermäßigt 3 €.

Zoologisches Museum und Museum für Völkerkunde
Hegewischstraße 3,
Tel.: 04 31 / 8 80 51 70,
Di bis Sa 10–17 Uhr, So 10–13 Uhr, Erwachsene 2 €, Kinder 1 €.

Aquarium
Düsternbrooker Weg 20, Tel.: 04 31 / 6 00 16 37, April–Sept. tgl. 9–19 Uhr, Okt.–März tgl. 9–17 Uhr, Erwachsene 3 €, Kinder 6–18 Jahre 2 €.

Weitere Infos zu allen Museen unter www.museen-am-meer.de.

▶ *Kiel.*

Vororte

Am Westufer der Kieler Förde lohnen die Stadtteile **Friedrichsort** und Schilksee einen Besuch. Bereits im 17. Jh. stand in Friedrichsort die Seefestung Christianpries, die der dänische König Christian IV. zum Schutz vor den Schweden errichtete. Heute ist der Kieler Vorort für den langen, feinsandigen Falckensteiner Strand bekannt. Weit draußen an der Außenförde liegt **Schilksee**, das seit 1882 jedes Jahr im Juni vom bunten Treiben der **Kieler Woche** beherrscht wird, wenn die Segelwettkämpfe der größten Regatta der Welt ausgetragen werden. Den Ausbau der modernen Hafenanlage verdankt der Hafenort den Olympischen Spielen, die hier 1972 stattfanden.

4

ESSEN & TRINKEN

Gemütlich

Hotel Restaurant Waffenschmiede
Friedrich-Voß-Ufer 4
25150 Kiel-Holtenau
Tel.: 04 31 / 36 96 90
www.hotel-waffenschmiede.de
Bei Blick auf den Nord-Ostsee-Kanal genießt man eine große Auswahl

an Fischgerichten und saisonalen Köstlichkeiten. Tgl. geöffnet.

SPORT & FREIZEIT

Hochseilgarten High Spirits
Falckensteiner Strand 15
Friedrichsort
Tel.: 04 31 / 3 01 49 47
www.highspirits-kiel.de
April Mo–Do ab 10 Uhr, Fr–So nach Anfrage, ab Mai tgl. ab 10 Uhr, Erw. 14 €, Kinder bis 14 Jahre 13 €. Kletterspaß in bis zu 25 m Höhe in Parcours mit vier unterschiedlichen Schwierigkeitsgraden

MIT KINDERN UNTERWEGS

SumSum Indoor Spielpark
Krummbogen 77, 24113 Kiel
Tel.: 04 31 / 6 00 67 96
www.sumsum-kiel.de
Mo bis Fr 14–19 Uhr, Sa, So und feiertags 10:30–19 Uhr, Erwachsene 4 €, Kinder ab 2 Jahren 8 €. 2.200 m² großer Indoor-Spielplatz mit Kletterlabyrinth, Trampolins, Rutschen und vielen weiteren Attraktionen.

Trampolino
Göteborgring 83
24109 Kiel
Tel.: 04 31 / 53 77 88 23
www.trampolino.de
Mo bis Do 14:30–19 Uhr, Fr 14–19 Uhr, Sa und feiertags 10–19 Uhr, So 9–19 Uhr, Erw. 3,50 €, Kinder ab 2 Jahren 7 €. Spielparadies für Kinder mit Klettervulkan, Hüpfburg, Fußballplatz, Kartbahn uvm.

FREILICHTMUSEUM MOLFSEE

Alte Bauernhäuser, Scheunen, Mühlen und Bauerngärten zeigen, wie das bäuerliche Leben früher aussah. Beim Rundgang gibt es viele Überraschungen zu entdecken: Wie wäre es mit einem Glas Milch frisch aus dem Stall? Oder einem Picknick mit Brot, Schinken und Käse? Bäckerei, Räucherkate, Korbflechterei, Imkerei und Töpferei bieten die selbstgemachten Produkte an. Eine beliebte Attraktion bei Kindern ist der alte Jahrmarkt mit historischen Karussells und einer Schiffschaukel.

Freilichtmuseum Molfsee
Hamburger Landstr. 97, 24113 Molfsee
Tel.: 04 31 / 65 96 60
www.freilichtmuseum-sh.de
April–Okt. tgl. 9–18 Uhr, Nov.–März So 11–16 Uhr, Erw. 7 €, Schüler 2 €.

KÜNSTLERMUSEUM HEIKENDORF

Viel Inspiration findet man in dem liebevoll restaurierten ehemaligen Wohnhaus des Heikendorfer Malers Heinrich Blunk. Ausgestellt sind Werke vom Spätimpressionismus bis zum ausklingenden Expressionismus und zeitgenössische Werke von regionalen Künstlern, abgerundet wird das kunstvolle Ensemble durch einen wunderschönen, alten Bauerngarten.

Künstlermuseum Heikendorf
Teichtorstraße 9
24226 Heikendorf
Tel.: 04 31 / 24 80 93
www.kuenstlermuseumheikendorf.eu
Di bis Sa 14–17 Uhr, So 11–17 Uhr, Erwachsene 3 €, ermäßigt 2 €.

ABENDGESTALTUNG

Das Angebot des Kieler Nachtlebend ist groß. Die besten Cocktails trinkt man im Trafo, Exlex, El Paso, Hemingway, Blauen Engel, Louf, Violet, Taktlos und in der Astor Bar, zum Tanzen geht man ins Luna, Weltruf, Tucholski, Atrium, Osho, ease club, die Pumpe und Max.

Niederdeutsche Bühne
Wilhelmplatz 2, 24116 Kiel
Tel.: 0 4 31 / 1 77 04
www.nbkiel.de
Komödien auf Platt.

SERVICEINFO

Tourist-Information
Andreas-Gayk-Straße 31
24103 Kiel
Tel.: 04 31 / 67 91 00
www.kurskiel.de

▶ LABOE

5.250 Einwohner

Am Übergang der Kieler Förde in die offene Ostsee liegt das wohl bekannteste Seebad des Ostufers. Flach fällt der weiße Sandstrand ins Wasser ab, sodass auch kleine Kinder hier gefahrlos baden können. Ganz am Nordende des Kurstrands ragt das 72 m hohe Wahrzeichen Laboes auf: Das **Marine-Ehrenmal**, das 1936 als Mahnmal für gefallene Marinesoldaten errichtet wurde. Von der Aussichtsplattform hat man einen weiten Ausblick über die Probstei, die Förde und den Dänischen Wohld. Zu Füßen des Denkmals liegt das **U-Boot U 995**, das im Zweiten Weltkrieg im Nordmeer zum Einsatz kam. Fast beklemmend wirkt die Enge im Inneren des Stahlkolosses, der bis zu 50 Soldaten aufnehmen konnte (Strandstraße 92, Tel: 0 43 43 / 49 48 49 62, www.deutscher-marinebund.de, April–Okt. tgl. 9:30–18 Uhr, Nov.–März tgl. 9:30–16 Uhr, Kombikarte Ehrenmal/U-Boot Erw. 8,50 €, Jugendliche 6–17 J. 5,50 €). In der **Meeresbiologischen Station** zeigen 30 Aquarien die Unterwasserwelt der Ostsee (Strand 1, Tel.: 0 43 43 / 42 93 21, www.meeresbiologie-laboe.de, April–Okt. Di bis So 11–18 Uhr, Nov.–März Do bis So 11–18 Uhr, Eintritt 6 €, Kinder 4 €).

SERVICEINFO

Tourist-Information
Börn 2, 24235 Laboe
Tel.: 0 43 43 / 42 75 53
www.laboe.de

▶ *Marine-Ehrenmal in Laboe.*

Probstei & Hohwachter Bucht

Herrenhäuser und Strandparadies

Während im idyllischen, sanft geschwungenen Hinterland nette, kleine Dörfer und herrschaftliche Gutshöfe einen Besuch lohnen, laden die gut besuchten oder auch verborgenen, meist feinsandigen Strandabschnitte zu sportlichen Aktivitäten wie Schwimmen, Segeln, Surfen, Wandern und Radfahren ein.

▶ GEMEINDE SCHÖNBERG

6.770 Einwohner

Kalifornien & Brasilien

Kurios erscheinen die Namen der beiden Strandabschnitte, die sich im Norden der Gemeinde Schönberg ausbreiten. Wie es zu der Namensgebung kam, erzählt folgende Geschichte: Einst fand ein Fischer am Strand eine morsche Schiffsplanke mit der Aufschrift „California". Er nahm sie mit nach Hause und nagelte sie an seine Haustüre. Ganz in der Nähe entstand bald darauf als weiterer Ortsteil Brasilien, nachdem ein konkurrierender Fischer es dem ersten nachmachen wollte. Er nahm kurzerhand ein Scheit, schrieb „Brasilien" darauf und hängte es an die eigene Haustür. Heute sind die beschaulichen Schönberger Ortsteile vor allem für die Ruhe, die dort herrscht, und als beliebtes Surfrevier bekannt.

Schönberger Strand

Östlich von Brasilien und des Ostseebades Kalifornien schließt sich das Ostseebad Schönberger Strand an, dessen 260 m lange **Seebrücke** abends romantisch beleuchtet ist. Vor dem mächtigen Deich, der das Hinterland vor Überschwemmungen schützt, erstreckt sich ein kilometerlanger **Strand**, der – optimal für

Kinder – flach ins Wasser abfällt. Oben auf der Deichkrone verläuft ein ebener Weg, von dem aus man tolle Blicke auf die Ostsee genießen kann.
Ein echtes Highlight sind die **Museumsbahnen**, die zwischen Schönberg und dem Ostseebad Schönberger Strand verkehren. Die historischen Züge versprechen Eisenbahnromantik pur: Auf einfachen Holzbänken oder roten Plüschsesseln reist man wie im 19. Jh. (Am Schierbek 1, Tel.: 0 43 44 / 23 23, www.vvm-museumsbahn.de, Ende Mai–Sept. Sa/So tgl. fünf Fahrten, Erw. ab 3 €, Kinder ab 1,50 €).

Schönberg

Ca. 4 km von der Küste entfernt liegt der beschauliche Schönberger Ortskern, dessen dörflicher Charme sich besonders rund um die Kirche erhalten hat. Mitten im Zentrum erhebt sich die schlichte Backsteinkirche, die auch die verheerende Sturmflut von 1872 nahezu unbeschadet überstand.
Spannend ist ein Besuch im **Kindheitsmuseum**, das die Thematik Kindheit in verschiedenen sozialen Schichten in den letzten 100 Jahren aufarbeitet. Alte Bücher, Möbel, Kleidung und auch Spiele – die man auch ausprobieren darf – sind ausgestellt (Knüllgasse 16, Tel.: 0 43 44 / 68 65, www.kindheits-museum.de, Juni–Okt. Di bis So 14–17 Uhr, Do auch 10–12 Uhr, Mai So 14–17 Uhr, Erwachsene 2 €, Kinder bis 14 Jahre 1 €).

PROBSTEI

Der liebliche, sanft hügelige Landstrich nordöstlich der Kieler Förde, der im Frühjahr von gelb blühenden Rapsfeldern überzogen ist, galt schon immer als fruchtbares Bauernland.
Fast 600 Jahre lang unterstand das Gebiet dem Benediktinerkloster Preetz, das wiederum vom Propst verwaltet wurde, woher sich auch der Name „Probstei" ableitet.

Den Arbeitsalltag und die Kultur der Probsteier lernt man im **Probstei Museum** kennen, einer Freilichtanlage mit Scheune, Bauernhaus und Speicher. Auch ein echter Bauerngarten ist angelegt (Ostseestraße 8, Tel.: 0 43 44 / 31 74, www.probstei-museum.de, Mai–Okt. Di bis So 14–17 Uhr, Do auch 10–12 Uhr, Mitte März–April Sa/So 14–17 Uhr, Nov. nur So 14–17 Uhr, Erw. 2 €, Kinder 1 €).
Ein beliebtes Ausflugsziel ist die **Krokauer Mühle**, die etwa 2 km nördlich von Schönberg ihre Flügel in den Himmel reckt. 1872 wurde die Holländer-Windmühle erbaut, die heute, liebevoll renoviert, für Besichtigungen offen steht (www.muehle-krokau.de, Pfingstmontag–Okt. So 14–17 Uhr, Erwachsene 1 €, Kinder 0,50 €).

ESSEN & TRINKEN

Mit Außenbereich

Fischer Kruse
Fischerhütte 1b
24217 Schönberger Strand

Tel.: 0 43 44 / 66 53
www.fischer-kruse.de
Fischspezialitäten aller Art gibt es in der gemütlichen Kneipe. Mi Ruhetag.

Am Strand
Gasthaus Kalifornien
Deichweg 3, 24217 Kalifornien
Tel.: 0 43 44 / 3 05 80
www.hotel-gasthaus-kalifornien.de
Im Gasthaus Kalifornien genießt man Leckeres aus der regionalen Küche, speziell Fischgerichte. Mo Ruhetag.

SERVICEINFO

Tourist-Information Ostseebad Schönberg
Käptn's Gang 1
24217 Schönberger Strand
Tel.: 0 43 44 / 4 14 10
www.schoenberg.de

▶ SELENTER SEE

Wildromantisch von Wäldern und Wiesen umgeben, liegt der zweitgrößte See in Schleswig-Holstein, der für sein Fischreichtum und einige Badestellen bekannt ist. Doch nicht nur Naturidylle, sondern auch kulturelle Sehenswürdigkeiten sind rund um den See zu finden. Die bekannteste davon ist das **Schloss Salzau**, das wohl prächtigste Herrenhaus in ganz Schleswig-Holstein. 1882 ließ Otto Graf Blome das imposante Gebäude, hinter dem sich ein englischer Garten mit künstlichem See erstreckt, errichten. Sehenswert ist auch die **Blomenburg**, die sich wie ein weißes Märchenschloss an der Südseite des Sees erhebt. Entstanden ist das seltsam anmutende Gebäude mit seinen Türmchen und Erkern als Folge eines Konkurrenzkampfes zwischen Graf Blome und seinem Freund, dem Landgrafen Friedrich Wilhelm von Hessen, der den **Hessenstein** genannten Aussichtsturm bei Panker errichten ließ. Einen schönen Blick auf das Schloss hat man vom Café Blome aus, das direkt am Torhaus zu Kaffee und Kuchen einlädt (siehe unter Essen & Trinken).

ESSEN & TRINKEN

Am Schloss
Café Blome
Blomenburger Allee 1
24238 Selent
Tel.: 0 43 84 / 5 09 12 60
Zum Kaffee lässt man sich selbstgemachte Kuchen und Torten schmecken. Geöffnet Fr–So.

SERVICEINFO

Touristinformation
Kieler Straße 18, 24238 Selent
Tel.: 0 43 84 / 6 70
www.selentersee.de

▶ PREETZ

15.900 Einwohner

Der nette Luftkurort Preetz liegt mitten in einer Seenlandschaft im Herzen der Probstei. Viel von dem alten Stadtbild konnte sich die einstige Kloster- und Schusterstadt, in der um 1850 fast an jeder Ecke ein Schuhmacher arbeitete, bis heute bewahren.

Altstadt

Zu den schönsten Häusern des Ortes gehört das **Zollhaus** in der Langen Brückstraße, ein Giebelhaus mit kunstvoll verzierter Rokokotür, das heute ein Café beherbergt (siehe unter Essen & Trinken). Auch im Gängeviertel sind im Schuster-, Bäcker- und Quergang viele der pittoresken Türen zu sehen, während in der Kirchenstraße ein schönes **Fachwerkhaus** aus dem 18. Jh. sowie ein **Pastorhaus** mit Rokokotür und schönem Oberlicht stehen. Etwas erhöht am Ufer des Kirchsees ragt die spätbarocke **Stadtkirche** auf, die innen mit einer prachtvollen, säulengetragenen Empore, barocken Logen und einem alten Granittaufbecken aus dem 13. Jh. ausgestattet ist. Mehr über die Geschichte der Stadt und ihr traditionelles Kunsthandwerk, das sich neben dem Schustern etablieren konnte, erfährt man im **Heimatmuseum**. Besonders schön sind Exponate der Gold- und Silberschmiede sowie Keramikwaren (Mühlenstraße 14, Tel.: 0 43 42 / 18 88, www.museum-preetz.de, Mi, Sa und So 15–17 Uhr, So auch 10–12 Uhr, im Winter zeitweise geschlossen, Erwachsene 1 €, Kinder 0,50 €). Einen Einblick in das traditionelle Schusterhandwerk erhält man im **Preetzer Holzschuhmuseum**, das sich in der ältesten noch existenten Holzschuhmacherei befindet. Seit 1846 hat der Familienbetrieb Hamann Pantoffeln, Sandalen, Fischerschuhe und auch Stiefel aus Holz im Angebot – bei einem Besuch kann man einmal selbst erleben, wie die einst für arme Leute entworfenen Schuhe in traditioneller Handarbeit gefertigt werden (Wakendorfer Straße 17, Tel.: 0 43 42 / 8 12 17, www.holzschuhmuseum.de, Öffnungszeiten nach Absprache, Eintritt frei).

▶ *Klosterkirche Preetz.*

Kloster Preetz

Ein wenig versteckt liegt das Kloster, das Preetz so berühmt macht. Im Jahr 1211 wurde das Benediktinerkloster neben einer alten, slawischen Siedlung gegründet, dem bald große Landesteile zugeschrieben wurden. Daher rührt auch der Name „Probstei", da zwar die Nonnen des Damenstifts die Dörfer und Ländereien verwalteten, jedoch selbst dem Propst unterstanden. Eine Lindenallee führt zum Torhaus, durch das man die geschichtsträchtige Klosteranlage betritt. Zwischen den alten Häusern der Stiftsdamen mit ihren Backsteinfassaden und Veranden steht die **Klosterkirche**, die nur von einem kleinen Türmchen gekrönt wird. Das Innere wird vom riesigen Nonnenchor beherrscht, dessen hufeisenförmiges Gestühl eine wahre Rarität ist. Auch Logen, ein Barockaltar und die prächtige Orgel sind Blickfänger, die in der andächtigen Stille besonders zur Geltung kommen (Führungen bietet das Touristikbüro an).

SCHWENTINE

Am Bungsberg entspringt die 62 km lange Schwentine, die als größtes Fließgewässer des Landes die Seen der Holsteinischen Schweiz miteinander verbindet. Bei Preetz beginnt der wohl schönste Abschnitt des Flusses: Vorbei an alten Mühlen und Herrenhäusern schlängelt sich der Fluss durch die malerische Landschaft, bis sie bei Kiel in die Ostsee mündet.

ESSEN & TRINKEN

Klein, aber fein

Preetzer Appartementhotel & Caféstuben
Lange Brückstraße 22, Preetz
Tel.: 0 43 42 / 98 21
www.hotel-cafe-preetz.de
Leckere, kleine Speisen gibt es in dem gemütlichen Fachwerkhaus, dessen Garten direkt an der Schwentine liegt. Mo Ruhetag.

SPORT & FREIZEIT

Schwimmhalle
Johannes-Gutenberg-Straße 10
Preetz
Tel.: 0 43 42 / 8 46 59
Mo 14–18 Uhr, Di/Do 6–8 Uhr und 14–22 Uhr, Mi 6–20 Uhr, Fr 11–22 Uhr, Sa/So 9–17 Uhr, Erwachsene 4 €, Kinder 3–16 Jahre 2 €.
Badespaß und Entspannung bietet das Hallenbad mit Schwimmbecken, Sprungturm, Massagedüsen und einer großen Saunalandschaft.

ABENDGESTALTUNG

Capitol Cine Center
Kirchenstraße 1, Preetz
Tel.: 0 43 42 / 22 41
www.capitol-cine-center.de
Traditionsreiches Filmtheater, Dienstag ist Kinotag.

SERVICEINFO

Schusterstadt-Preetz e.V.
Mühlenstraße 9
24211 Preetz
Tel.: 0 43 42 / 22 07
www.schusterstadt-preetz.de

▶ LÜTJENBURG

5.400 Einwohner

Die über 800 Jahre alte Stadt im Hinterland der Hohwachter Bucht zählt zu den schönsten in Ostholstein. Bereits im Mittelalter profitierte der Ort von seiner Lage an der Kreuzung der beiden Handelsstraßen Oldenburg – Kiel und Plön – Hohwacht. Trotz schwerer Zeiten mit Krieg, Stadtbränden und Seuchen konnten sich bis ins 18. Jh. hinein vor allem die Kornbrennerei und das Handwerk gut entwickeln. Heute ist die schmucke Kleinstadt bekannt für einen gemütlichen Einkaufsbummel.

Altstadt

Kleine, kopfsteingepflasterte Gassen führen zum zentralen **Markplatz**, der vom Rot der Backsteine dominiert wird. Ein hübsches Ensemble **historischer Bürgerhäuser** aus über vier Jahrhunderten säumt die Ostseite des Platzes, gegenüber sticht das 1576 errichtet **Färberhaus** mit seinem zweistöckigen Fachwerkgiebel und den reichen Verzierungen ins Auge. Davor grüßt der legendäre Polizei- und Schuldiener Hein Lüth vom **Brunnen**. Über die schmale Markttwiete gelangt man zum barocken, efeubewachsenen **Rathaus**, das 1790 erbaut wurde. Dahinter kommt man ins Ofenmacherviertel, in dem das **Bäckerhaus** mit seiner faszinierenden Rokoko-Zopfstiltür und der **Alte Posthof** aus der schmucken Szenerie hervorstechen.

Sehenswürdigkeiten

Über der hübschen Altstadt ragt der mächtige Turm der **St. Michaelis-Kirche** auf, die aus dem 13. Jh. stammt. Ein kostbarer Flügelaltar und ein imposantes Triumphkreuz dominieren das Innere der Kirche, beeindruckend sind auch das romanische Granittaufbecken und die mit Motiven der Weihnachtsgeschichte verzierte Kanzel von 1608.

Aus der Vogelperspektive erlebt man Lütjenburg auf dem 18,5 m hohen **Bismarckturm**, der nördlich der Stadt auf dem Vogelberg thront. 96 Stufen führen zur Plattform hinauf, von der sich ein wunderschöner Blick über den Ort, den Großen Binnensee und hinaus auf die Ostsee bietet (tgl. geöffnet, Eintritt 1 €).

Ausflüge

Nordwestlich von Lütjenburg befindet sich die **Turmhügelburg**, eine originalgetreue Rekonstruktion mittelalterlicher Burganlagen, die besichtigt werden kann. Mehrmals im Jahr finden hier historische Feste und Märkte statt: Wikingerlager (Pfingsten), Mittelalterey (Juli), Lütjenburger Aufbruch (September), Adventsmarkt (November) (Nienthal, Tel.: 0 43 81 / 91 88 47, www.turmhuegelburg.de, Führungen Mai–Sept. Mi, Sa und So um 15 Uhr, Führungen Erwachsene 3 €, Kinder 1 €).

Folgt man der kleinen Straße von der Turmhügelburg aus weiter, kommt man wenig später zum **Eiszeitmuseum**, das in einem alten Bauernhof untergebracht ist. Das interaktive Museum lädt vor allem Kinder zum Mitmachen ein, versteinerte Muscheln und Fossilien einmal selbst in die Hand zu nehmen und viel über die eiszeitliche Entstehung Schleswig-Holsteins zu lernen (Nienthal 7, Tel.: 0 43 81 / 41 52 10, www.eiszeitmuseum.de, Juni–Sept. tgl. 10–18 Uhr, Okt., April und Mai Di bis So 10–18 Uhr, Nov. und Jan.–März Sa/So 10–17 Uhr, Erw. 3 €, Kinder 2 €, derzeit geschlossen, Wiedereröffnung voraussichtl. Pfingsten 2012).

SERVICEINFO

Tourist-Information Lütjenburg
Markt 4, 24321 Lütjenburg
Tel.: 0 43 81 / 41 99 41
www.stadt-luetjenburg.de

▶ HOHWACHT

900 Einwohner

Namensgebend für die ganze **Bucht** war das einst beschauliche Fischerdorf, das heute als grünstes Ostseebad bekannt ist. Schon die Anfahrt ist ein Erlebnis: Von der Bundesstraße zweigt eine schöne Allee mit uralten Bäumen ab, die bis in den Ort hineinführt. Auch dort prägen Bäume das Bild, da laut einer Verordnung kein Haus höher als die Baumwipfel sein darf.

Geschichte

Bis vor gut 100 Jahren lebten die Hohwachter fast ausschließlich vom Fischfang, was die kleinen, reetgedeckten Fischerkaten auch heute noch bewusst machen. Erst mit dem Anschluss an das Eisenbahnnetz hielt der Tourismus langsam Einzug in das beschauliche Dorf, vor allem Künstler und Naturfreunde zeigten sich von der besonderen, ruhigen Stimmung der Bucht begeistert. Obwohl heute an warmen Sommertagen kaum ein Strandkorb am Badestrand mehr frei bleibt, konnte sich das Ostseebad einiges von seiner früheren Idylle bewahren.

Am Wasser

Feinsandig präsentiert sich der lange **Badestrand**, der zwischen Buhnen flach ins Wasser abfällt und sich deshalb auch für kleinere Kinder optimal zum Planschen eignet. Weiter westlich, wo das Ufer steiler wird, verläuft eine schöne **Promenade**, die mit ihren Cafés und Restaurants zum Flanieren einlädt. Blickfang auf dem Wasser ist die Seebrücke, die wegen ihrer ungewöhnlichen Form auch **„Flunder“** genannt wird. Hier kann man nicht nur die ruhige Abendstimmung, sondern auch immer wieder Kulturveranstaltungen und kleinere Konzerte genießen. Oben am Steilufer bietet der Aussichtspunkt **Hohwachter Ausguck** eine wunderbare Panoramasicht über die ganze Bucht.

Naturschutzgebiete Sehlendorfer und Großer Binnensee

Gut ausgeschilderte Wanderwege durchziehen die beiden Naturschutzgebiete Sehlendorfer Binnensee und Großer Binnensee. Die

GRAFENWINKEL

Im reizvollen Hinterland der Hohwachter Bucht, zwischen geschwungenen Feldern, Alleen und Knicks, liegt eine Vielzahl schönster Herrenhäuser, denen der Landstrich den Beinamen „Grafenwinkel" verdankt. Über 1.000 Hektar groß ist die bewirtschaftete Gutsfläche von **Gut Panker**, die Hofanlage selbst präsentiert sich schon fast wie ein kleiner Ort. Eine Eichenallee führt zu dem dreiflügeligen Herrenhaus, das von einem prächtigen englischen Garten umgeben ist. In den alten Wirtschaftsgebäuden befinden sich heute mehrere Geschäfte, die zu einem Bummel einladen. Ganz unter dem Motto „exklusiv, klassisch und elegant" können hier Antiquitäten, Wohnaccessoires und alte Rosensorten erworben werden.

Am südlichen Ortsrand von Lütjenburg liegt das stattliche **Gut Helmstorf**, das im 18. Jh. errichtet wurde. Mehrere Wirtschaftsgebäude gruppieren sich um das schlossähnliche Herrenhaus, in dem man frische Forellen aus den zahlreichen Gartenteichen erstehen kann (Tel.: 0 43 81 / 49 17, www.helmstorf.de).
Eine herrliche Kastanienallee führt zum **Gut Kletkamp**, das man durch ein großes, mit Ornamenten verziertes Torhaus betritt, hinter dem sich das weiß getünchte Herrenhaus versteckt. Seit über 600 Jahren befindet sich das Herrenhaus im Besitz der Grafen von Brockdorff, die nach telefonischer Absprache Besichtigungen anbieten (Tel.: 0 43 81 / 90 80).

flachen Strandseen, in denen sich Salz- und Süßwasser vermischen, dienen seltenen, scheuen Vogelarten wie Seeadlern und Singschwänen als Rückzugsort.

SPORT & FREIZEIT

Ostwind Segelsport GmbH
Am Brackstock, Hohwacht
Tel.: 0 43 81 / 9 05 10
www.ostwind.com
Segel-, Katamaran-, Surf- und Tauchkurse, auch für Kinder, kann man buchen, außerdem gibt es auch Ausrüstungsverleih.

Golf & Country Club
Eichenallee, Hohwacht
Tel.: 0 43 81 / 96 90
www.gc-hohwacht.de
Herrlich gelegener 9- und 18-Loch-Platz am Großen Binnensee, auch Schnupperkurse werden angeboten.

SERVICEINFO

Hohwachter Bucht Touristik GmbH
Berliner Platz 1, 24321 Hohwacht
Tel.: 0 43 81 / 9 05 50
www.hohwachterbucht.de

▶ WEISSENHÄUSER STRAND

Modern und vielseitig zeigt sich der 1973 eröffnete **Ferienpark**, der mit zahlreichen Freizeitangeboten Urlauber das ganze Jahr über anlockt: Schwimmbad, Sauna, Minigolfanlage, Tennisplätze und Kletterparcours in Kombination mit Geschäften,

Cafés und Restaurants sorgen für wetterunabhängige Urlaubsfreuden.

Gut Weissenhaus

Nicht weit von Strand und Ferienpark entfernt, erhebt sich das strahlend weiße, schlossähnliche **Gut Weissenhaus** in einer großen Parkanlage mit uralten Bäumen. Das prachtvolle, neobarocke Gebäude wurde 1895 errichtet, nachdem sein Vorgängerbau einem Brand zum Opfer fiel.

Im Gegensatz zu vielen anderen Gutshöfen kann die Anlage besichtigt werden, besonders schön ist der verwunschene Rosengarten, der zur Blütezeit in allen möglichen Farben leuchtet. Auf der Terrasse und dem Rasen sind außerdem Tische des Schloss-Cafés aufgebaut, an denen man bei Kaffee und Kuchen den herrlichen Blick über die Parkanlage zur Ostsee genießen kann. Die Schlossanlage wird derzeit umfassend renoviert. Hier soll eine exklusive Hotel- und Tagungsstätte mit gehobener Gastronomie, Spa und Wellness entstehen.

SPORT & FREIZEIT

Subtropisches Badeparadies

Tel.: 0 43 61 / 55 27 61

www.weissenhaeuserstrand.com

Tgl. 9:30–20:30 Uhr, Tageskarte Erwachsene 21 €, Kinder bis 14 Jahre 14 €.

Tropisches Südseefeeling garan-

▶ *Das „Subtropische Badeparadies" beim Weissenhäuser Strand.*

tiert die riesige Badelandschaft mit Palmengarten, Wassergrotte, Saunenparadies, Whirlpool und Riesenrutschen.

Dünenbad
Tgl. 7–22 Uhr geöffnet, Tageskarte (inkl. Sauna) 14 €. Entspannung pur erlebt man in der Wellness-Oase, die Saunen, Whirlpools, Massagen, Warmwasserbecken und Ruhezonen umfasst.

Columbus-Park
Die im April 2012 neu eröffnete, moderne Wakeboard- und Wasserskianlage bietet jede Menge Spaß auf dem Wasser. Mit Verleih, Pro Shop und Gastronomie.

MIT KINDERN UNTERWEGS

Dschungelland
Tel.: 0 43 61 / 5 50
www.abenteuerdschungelland.de
Tgl. 10–22 Uhr, Kinder ab 3 Jahre 9 € , am Wochenende 11 €, Familienkarte ab 32 €.
Wie im Dschungel fühlt man sich in dem riesigen Freizeitparadies, in dem sich geheimnisvolle Tempel verstecken, man auf die Jagd nach Gold gehen kann oder man flink wie die Affen durch den Hochseilgarten klettert.

SERVICEINFO

Weissenhäuser Strand GmbH
Seestraße 1
23758 Weissenhäuser Strand
Tel.: 0 43 61 / 5 50
www.weissenhaeuserstrand.com

▶ OLDENBURG

9.700 Einwohner

Slawisches Zentrum
Im 7. Jh. wurde die pittoreske Kleinstadt als Zentrum der in Ostholstein lebenden Wagrier errichtet und gilt damit als älteste städtische Siedlung in ganz Norddeutschland. Dank ihrer Lage im Oldenburger Grabensystem, einem Meeressund, der zur damaligen Zeit noch überflutet war, konnten die Wagrier mit ihren flachen Schiffen direkt von der Stadt aus Seehandel betreiben, sodass sich der Ort zum bedeutenden politischen und kulturellen Mittelpunkt der Slawen entwickelte. Ein bis zu 18 m hoher Ringwall schützte den Ort Starigrad (slawisch: alte Burg), wie er damals noch hieß, vor feindlichen Angriffen. Erst nach der vollständigen Christianisierung der Region im 12. Jh. fiel die florierende Handelsstadt an den Bischof und bekam wenig später das lübische Stadtrecht verliehen.

Sehenswürdigkeiten
Das Zentrum der heutigen Stadt bildet der geschäftige **Marktplatz**, den das neogotische **Rathaus** von 1834 beherrscht. Durch eine kleine Kopfsteinpflastergasse gelangt man weiter zur **St. Johannis-Kirche**, einer der ersten Backsteinbauten in Norddeutschland. Nur noch der Westflügel der einstigen Bischofskirche stammt aus dem 13. Jh., die Innenausstattung mit dem prachtvollen Altaraufsatz wurde dagegen nach einem verheerenden

Stadtbrand im 18. Jh. hinzugefügt. Einen spannenden Einblick in die Welt der Wagrier bietet das **Wallmuseum**, das mit reetgedeckten Scheunen und einem Backhaus ein altes Ostholsteiner Gut rekonstruiert, um den Alltag einer slawischen Stadt im frühen Mittelalter nachzuempfinden. Das Highlight der ausgestellten Exponate ist sicherlich das orginalgetreu nachgebaute slawische Handelsschiff „Stargrad", das in der angrenzenden Hafenanlage vor Anker liegt. Integriert in das Museum ist auch ein wunderschöner **Rosengarten** und das Gildemuseum, das die Geschichte der St. Johannis Toten- und Schützengilde, der ältesten in Deutschland, dokumentiert (Professor-Struve-Weg 1, Tel.: 0 43 61 / 62 31 42, www.oldenburger-wallmuseum.de, April–Okt. Di bis So 10–17 Uhr, Juli/Aug. tgl. 10–18 Uhr, Erwachsene 4 €, Kinder 6–18 Jahre 2 €).
Nur wenige Fußminuten vom Stadtzentrum entfernt kann man die von den Wagrieren angelegte, mächtige **Ringwallanlage** besichtigen, die neben der einstigen Wikingerstadt Haithabu bei Schleswig zu den bedeutendsten archäologischen Denkmälern in ganz Schleswig-Holstein gehört.

ESSEN & TRINKEN

Im Museum

Café im Odenburger Wallmuseum
Professor-Struve-Weg 1, Oldenburg
Tel.: 0 43 61 / 62 31 42
www.oldenburger-wallmuseum.de
Kaffee, Kuchen und Snacks gibt es zur Stärkung beim Museumsrundgang. Mo Ruhetag.

ABENDGESTALTUNG

Landlord
Göhler Straße 44, Oldenburg
Tel.: 0 43 61 / 82 30
www.landlord-oldenburg.de
Gut besuchte, urige Kneipe mit Billiardtisch, Fassbier und kleineren Gerichten. Tgl. ab 18 Uhr geöffnet.

SERVICEINFO

Tourist-Information KulTour Oldenburg in Holstein GmbH
Schauenburger Platz 2 und Göhler Straße 56
23758 Oldenburg in Holstein
Tel.: 0 43 61 / 45 75
www.oldenburg-holstein.de

▶ HEILIGENHAFEN

9.720 Einwohner

Starke Gegensätze prägen das kleine Ostseeheilbad: Während die Altstadt und der Fischereihafen historischen Charme versprühen, liegen im modernen Jachthafen elegante Segelschiffe und Deutschlands größte Hochseeangelflotte vor Anker. Zudem entsteht hier derzeit eine neue **Seebrücke**, die im Mai 2012 fertiggestellt wird: Auf einer Länge von 440 m führt sie in einem Zick-Zack-Kurs vom Strand auf die Ostsee hinaus. Auf der Brücke gibt es Wasserspielzonen, Sonnen- und Badedecks mit bequemen Liegen sowie eine verglaste Lounge.

Sehenswürdigkeiten

Prägend für das Stadtbild von Heiligenhafen ist der lebhafte Trubel am **Hafen**, wo täglich Fischer ihren Fang direkt am Kutter verkaufen und zahlreiche Geschäfte zum Bummeln einladen. Ganz in der Nähe steht das älteste Haus der Stadt, der **Salzspeicher** von 1587, in dem sich heute ein Restaurant befindet. Gleich dahinter ragt auf dem Kirchberg die gotische **Stadtkirche** auf, deren trutziger Treppengiebel schon von Weitem zu sehen ist. Der moderne Innenraum birgt wertvolle Schnitzfiguren und eines der ältesten Schiffsmodelle Deutschlands. Eine Besonderheit ist der „Schifferstuhl", eine Empore im Seitenschiff, auf der nur Schiffer, Kapitäne und Steuerleute Platz nehmen durften.

Steinwarder und Graswarder

Wie eine Barriere liegen die beiden 1954 während einer Sturmflut zusammengewachsenen Nehrungshaken Steinwarder und Graswarder vorgelagert vor der Küste – Schiffe, die im Hafen anlegen wollen, müssen einen weiten Bogen um die Ostspitze fahren. Während sich am feinen Sand auf dem Steinwarder das **Strandleben** des Ortes abspielt, ist Graswarder als **Naturschutzgebiet** ausgewiesen. Tausende von Seevögeln brüten in den windzerzausten Wiesen des Nehrungshakens, auf dem im Herbst auch Scharen von Zugvögeln Rast machen (kostenlose Führungen unter Tel.: 0 43 62 / 69 47, www.graswarder.de, Ostern – Okt. tgl. 10:30 und 15 Uhr).

▶ *Das Naturschutzgebiet Graswarder.*

SPORT & FREIZEIT

Aktiv-Hus
Im Ostsee-Ferienpark
Heiligenhafen
Tel.: 0 43 62 / 5 02 90 50
www.aktiv-hus.de
Tarife und Öffnungszeiten je nach Aktivität.
Aktive Urlauber finden im Aktiv-Hus einen Wellness- und Saunabereich, eine Kinderspielwelt, Kletterhalle, Beach-Volleyball sowie ein Schwimmbecken unter einem Dach vereint.

SERVICEINFO

Tourist-Information Heiligenhafen
Bergstraße 43
23774 Heiligenhafen
Tel.: 0 43 62 / 9 07 20
www.heiligenhafen-touristik.de

Holsteinische Schweiz
Seenreicher Naturpark

Sanfte Hügel, grüne Wälder und fast 200 glitzernde Seen prägen das malerische Bild der Holsteinischen Schweiz, die mit dem 168 m hohen Bungsberg den höchsten Berg in ganz Schleswig-Holstein aufweist. Zwischen all der Natur verstecken sich altehrwürdige, herrschaftliche Gutshöfer, zwei prächtige Schlösser und pittoreske, kleine Städte.

▶ PLÖN

12.900 Einwohner

Auf einer schmalen Landzunge, fast vollständig umgeben von acht Seen, breitet sich die einstige Fürstenresidenz Plön aus. Schon von Weitem grüßt das prächtige, weiße Schloss, das hoch über dem Wasser aufragt. Zu seinen Füßen kann man die verwinkelte Altstadt mit ihren netten kleinen Gassen bei einem Spaziergang erkunden.

Altstadt

Hübsche Fachwerk- und Backsteinhäuser drängen sich entlang der eng verwinkelten Gässchen, die hier Twieten genannt werden, in der historischen Altstadt aneinander. Am Alten Markt befindet sich das klassizistische **Rathaus** mit dem schönen **Gänselieselbrunnen** davor – eines der beliebtesten Fotomotive der ganzen Stadt.

Nicht weit davon entfernt, ragt die **St. Nikolai-Kirche** auf, eine schöne Barockkirche aus dem 17. Jh. mit moderner Ausstattung. Rechts und links vom Marktplatz zweigt die **Fußgängerzone** ab, die als Lübecker Straße die Schwentine überquert und zum Bahnhof führt. Der Bahnhof wurde im Stil der Jahrhundertwende errichtet und beeindruckt mit einer kunstvoll geschnitzten, hölzernen Überdachung. Der

Innenbereich des Bahnhofs wurde von 2006-2008 komplett saniert und beherbergt heute die örtliche Tourist-Info.

Neustadt

Die Neustadt wird von der **St. Johannis-Kirche** dominiert. Der kleine Sakralbau stammt aus dem Jahr 1685 und ist besonders für Taufen und Trauungen beliebt. An der Ostmauer ist die Grabplatte von Christian Gottlieb eingelassen, einem Schwarzafrikaner, der als Schwiegersohn des Bürgermeisters und Trompeter des Herzogs Hans Adolf hoch angesehen starb. Im einstigen Waisenhaus ist heute das **Kreismuseum** untergebracht. Hinter der spätklassizistischen Fassade können Besucher viel Wissenswertes über die Vor- und Frühgeschichte lernen. Auch Geschirr sowie eine Sammlung von Gläsern sind ausgestellt. Da die einstige Hofapotheke lange Zeit in dem Gebäude untergebracht war, sind auch alte medizinische Gerätschaften und Arzneien zu bewundern (Johannisstraße 1, Tel.: 0 45 22 / 74 43 91, www.kreismuseum-ploen.de, Mai–Sept. Di bis So 10–12 und 14–17 Uhr, Okt.–April Di bis So 14–17 Uhr, Erw. 2,50 €, ermäßigt 2 €, Kinder bis 14 Jahre frei).

Schlossgebiet

Über der schmucken Stadtszenerie erhebt sich das weiße **Schloss** der Herzöge von Schleswig-Holstein-Sonderburg-Plön. Bereits vor etwa 1.000 Jahren wurde auf der Insel die Burg Plune erwähnt – im 17. Jh. ließ der Holsteiner Herzog Joachim Ernst an ihrer Stelle das herrliche Schloss errichten. Obwohl es heute in Besitz der Fielmann-Akademie ist, kann man die Anlage besichtigen (Tel.: 0 45 22 / 80 10, Besichtigung nach telefonischer Anmeldung Mi 19–21 Uhr, Do/Sa/So 16:30–18:30 Uhr, Eintritt frei). Im 18. Jh. ließ Friedrich Karl, der letzte Herzog auf dem Schloss, nicht nur den Schlossgarten, sondern auch den **Marstall** und das Reiterhaus – im Volksmund **Uhrenhaus** genannt – anlegen. Das auffallende Gebäude wird heute als Erlebnis-Ausstellungsraum vom Naturverein genutzt (Tel.: 0 45 22 / 74 93 80, Di bis So 10–17 Uhr, Eintritt 1 €). Nach dem Tod des Herzogs fiel das Schloss an den dänischen König Christian VIII., der es als Sommerresidenz nutzte. Später diente die Anlage als preußische Kadettenanstalt, in der auch die Söhne von Kaiser Wilhelm II. unterrichtet wurden. Unter ihm entstand das **Prinzenhaus**, in dem heute verschiedene Veranstaltungen stattfinden. Auch die **Jugendstilschwimmhalle**, die nun als Kulturforum und Ausstellungsraum dient, wurde für die Prinzen errichtet. Quer durch den **Schlosspark** spaziert man über eine Länge von 2 km unter Bäumen hindurch bis zur **Prinzeninsel**, die weit in den Großen Plöner See hineinragt. Hier steht das schöne **Niedersächsische Bauernhaus** aus dem 17. Jh., in dem die Prinzen einst Landwirtschaftsunterricht erhielten. Heute ist es ein gemütliches Ausflugslokal, das einen traumhaften Seeblick offeriert.

ESSEN & TRINKEN

Historisches Ambiente

Café & Restaurant Prinzeninsel
Prinzeninsel, Plön
Tel.: 0 45 22 / 50 87 00
www.prinzeninsel1.de
In einem niedersächsischen Bauernhaus aus dem 17. Jh. werden traditionelle, saisonale Köstlichkeiten serviert. Im Sommer tgl. geöffnet, im Winter wechselnde Ruhetage.

Schöner Ausblick

Fegetasche
Fegetasche 1, Plön
Tel.: 0 45 22 / 90 51
www.fegetasche.de
Holsteiner Spezialitäten und fangfrischer Fisch kommen in der traditionsreichen Gaststätte auf den Tisch. Mo Ruhetag.

SPORT & FREIZEIT

Segelschule Plön
Aschebergstraße 70, Plön
Tel.: 0 45 22 / 41 11
www.segelschuleploen.de
Kajak-, Kanu- und Bootvermietung sowie Jollen- und Katamaransegelkurse – auch für Kinder.

Große-Plöner-See-Rundfahrt
Fegetasche-Strandweg, Plön
Tel.: 0 45 22 / 67 66
www.grosseploenersee-rundfahrt.de
Mai–Sept. tgl. vier Fahrten, Okt./April tgl. drei Fahrten, Mo Ruhetag, Erw. 9 €, Kinder 4–14 Jahre 4,50 €. Auf der knapp zweistündigen Ausflugsfahrt über den großen Plöner See hat man traumhafte Ausblicke auf das Plöner Schloss und die Prinzeninsel. Auf der Strecke zwischen Plön und Bosau ist die Fahrradmitnahme möglich.

MIT KINDERN UNTERWEGS

Planetenpfad
Am Ufer des Großen Plöner Sees entlang führt der schön angelegte Pfad von der Schiffsanlegestelle Marktbrücke bis zur Prinzeninsel. Unterwegs lernen nicht nur Kinder durch Informationstafeln und maßstabsgetreue Planetenmodelle viel Wissenswertes über das Sonnensystem.

SERVICEINFO

Touristinformation Plön & Großer Plöner See
Bahnhofstraße 5
24306 Plön
Tel.: 0 45 22 / 5 09 50
www.touristinfo-ploen.de

▶ ASCHEBERG

3.200 Einwohner

Am Nordwestufer des Großen Plöner Sees lohnt der nette, kleine Ort mit Badestrand, Anlegestelle und Segelhafen einen Besuch. Bereits im 12. Jh. wurde ein adeliger, holsteinischer Rittersitz mit dem Namen „Askeberghe“ erwähnt, der im 15. Jh. an die Grafen von Lanzau fiel. Diese legten den Grundstein für eine historische Besonderheit: Nirgendwo sonst in Norddeutschland wurde die Leibeigenschaft so früh aufgehoben! Bis heute wird das auf einer Landzunge südlich des Ortes gelegene **Gut Ascheberg** landwirtschaftlich genutzt. Von den großen, reetgedeckten Scheunen führt eine schöne Lindenallee zum Herrenhaus, das 1870 errichtet wurde. Heute dient das helle Gebäude mit seinen weiß abgesetzten Fenstern als Jugendfreizeitstätte und steht für Besuche offen.

Ein lohnenswertes Ausflugsziel ist die liebevoll restaurierte **Mühle Sventana**, eine von den einst 1.000 Mühlen in Schleswig-Holstein. Seit 1982 drehen sich die Flügel der 1860 erbauten Windmühle wieder majestätisch im Wind, während im Inneren Korn gemahlen wird. Bei einer Besichtigung lernt man nicht nur viel über die alte Technik, sondern kommt gleichzeitig in den Genuss netter Anekdoten und frisch aus dem Mehl der Mühle gebackenen Brötchen (Anmeldung unter Tel.: 0 45 26 / 18 73, Juni–Sept. Di bis Do 14–18 Uhr, Eintritt 2,50 €).

SPORT & FREIZEIT

Reiter- und Pferdehof Hohelieth
Hof Hohelieth, 24326 Dörnick
Tel.: 0 45 26 / 38 19 92
www.reiterhof-hohelieth.de
Reitkurse für Anfänger und Fortgeschrittene, Ponyreiten und spielerischer Reitunterricht für Kinder gehören zum Angebot des Hofs.

▶ BAD MALENTE-GREMSMÜHLEN

10.900 Einwohner

Bad Malente ist der nördlichste Heilklimatische Kurort Deutschlands und traditionelles Kneipp-Heilbad. Klare Luft, üppige Wald- und Seenlandschaft sowie modernste Sport-, Präventiv- und Reha-Angebote zeichnen den Sport- und Gesundheitsstandort im Herzen der Holsteinischen Schweiz aus. Malente ist durch seine Seen und die Lage am Fluss Schwentine besonders auch bei Wassersportlern (Seglern, Kanuwanderern) beliebt. Und schließlich findet sich hier der 1. Nordic Fitness-Park Norddeutschlands mit einem Wegenetz von 152 km, welches auch Radfahrern, Trailwalkern und Wanderern sowie Läufern offensteht.

Sehenswürdigkeiten

Wer von der schönen Kurpromenade am Dieksee die von Geschäften und Cafés gesäumte Bahnhofstraße entlangschlendert, kommt zur **Maria-Magdalena-Kirche**, einer frühgotischen Feldsteinkirche aus dem 13. Jh. Später wurde der alte Glockenturm durch einen neuen Backsteinbau ersetzt.

Nicht weit davon entfernt, direkt am Ufer des Kellersees, entsteht in der **Glasbläserei Malente** filigrane Kunst, wo Glasbläser die über 1.000 °C heiße Masse verarbeiten. Wer möchte, kann die zerbrechlichen Kostbarkeiten gleich an Ort und Stelle erwerben (Janusallee 18,

Tel.: 0 45 23 / 49 55, www.glasblaeserei-malente.de, in der Hauptsaison Mo bis Sa 9–18 Uhr, So 10–17 Uhr, in der Nebensaison Mo bis Fr 9–13 Uhr und 14–18 Uhr, Sa 9–13 Uhr, Eintritt frei).

Die Ruheoase in der Stadt ist der **Kurpark**, der mit Grünflächen, Wasserspielen und einem Kneippbecken zum Verweilen einlädt. Im Sommer werden auf der Freilichtbühne auch Konzerte und Theaterstücke aufgeführt.

Ein Stück Geschichte wird in der 1634 erbauten **Tews-Kate** lebendig, die zu den ältesten Räucherkaten in Schleswig-Holstein zählt. Das tief herabgezogene Reetdach schützt das Haus vor Wind und Wetter. Heute ist sie als kleines **Heimatmuseum** zu besichtigen (Sebastian-Kneipp-Straße, Anmeldung in der Tourist-Information, im Sommer Di bis So 14–17 Uhr, Erwachsene 1 €, Kinder 0,50 €).

IMMENHOF

Wer kennt sie nicht: Dick und Dalli, die Mädels vom Immenhof? 1955 wurden die Abenteuer der fröhlichen Schwestern mit ihren flinken Ponys verfilmt und eroberten Tausende von Mädchenherzen. Auch heute noch sieht das ehrwürdige Gut Rothensande, wie der Drehort am Kellersee in Wirklichkeit heißt, fast genauso aus wie einst in den Kultfilmen. Nostalgie kommt bei den Führungen über den Hof auf (Anmeldung über den Tourismus-Service Malente, Preis: 4,50 € pro Erw.)

ESSEN & TRINKEN

Bad Malente und die umliegenden Ortschaften bieten eine Vielzahl attraktiver und regionaltypischer Restaurants und Landgasthöfe. Hier werden die Holsteiner Spezialitäten mal ländlich-rustikal, mal festlich-elegant zelebriert. Die Tourist-Information Malente hält eine Liste aller gastronomischen Anbieter bereit.

SPORT & FREIZEIT

Wildgehege

Ein Waldpfad führt gegenüber der Tews-Kate hinauf zum kostenfrei zugänglichen Wildgehege, in dem sich heimische Tierarten wie Rot- und Damwild sowie Wildschweine tummeln. Entlang der Spazierwege, die durch das 20 Hektar große Gebiet führen, informieren mehrere Schautafeln über die Tiere.

SERVICEINFO

Tourismus-Service Malente
Bahnhofstraße 3
23714 Bad Malente-Gremsmühlen
Tel.: 0 45 23 / 9 89 90
www.bad-malente.de

▶ EUTIN

7

17.200 Einwohner

Im Herzen der Holsteinischen Schweiz liegt die Stadt, die Beinamen wie „Weimar des Nordens" oder „Rosenstadt" trägt.

Geschichte

Bereits im 9. Jh. ließen Slawenfürsten auf der Fasaneninsel im Großen Eutiner See die Gaufeste Utin

▶ *Das Eutiner Schloss.*

errichten, die von den Holsteinern im 12. Jh. zerstört wurde. Nur ein Jahrhundert später verlieh der Bischof von Lübeck dem damaligen Marktflecken das Stadtrecht und baute ihn wenig später zum Bischofssitz aus. Nach der Reformation fiel die Wasserburg an die Landesherren Holstein-Gottorp und Eutin entwickelte sich zu einem kleinen, aber einflussreichen Fürstbistum. Im 17. und 18. Jh. war die Stadt als überregionales kulturelles Zentrum bekannt, das Dichter, Maler und Gelehrte anzog und dem Schloss den Beinamen „Musenhof" einbrachte. Bis heute erinnern die zahlreichen Kulturveranstaltungen an diese Blütezeit, den Höhepunkt bilden sicherlich die Eutiner Festspiele, die zu Ehren von Carl Maria von Weber, dem berühmtesten Sohn der Stadt, jeden Sommer aufgeführt werden.

Rund um das Schloss

Die wichtigste Sehenswürdigkeit der Stadt ist das barocke **Schloss**, in dem die Fürsten Holstein-Gottorp im 16. und 17. Jh. residierten. Eine Brücke führt über den Wassergraben in den mediterran anmutenden, liebevoll gestalteten Innenhof. Auch das prachtvolle Innere des Gebäudes kann, z. B. mit Audio-Guides, besichtigt werden. Dabei beeindruckt nicht nur der Blaue Salon mit seiner aufwendig restaurierten Deckenausmalung, sondern auch das einstige Wohnzimmer des Herzogs von Mecklenburg, das heute als Café genutzt wird. Sehenswert ist auch die Schlosskapelle mit der Fürstenloge, die mit einer wertvollen, historischen Orgel und einem handgemalten Altarbild einen stilvollen Rahmen für Konzerte und Trauungen bildet (Tel.: 0 45 21 / 7 09 50, www.schloss-eutin.de,

Ostern–Ende Okt. Di bis So 11–15 Uhr, Juli–Ende Sept. Di bis So 11–17 Uhr, Erwachsene 6 €, spezielle Kinderführungen im Sommer Sa um 10:30 Uhr, Kinder 7–18 Jahre 1,50 €, Audio-Guides 2 €).

Mehr über die Geschichte von Eutin und die einstigen fürstlichen Gegebenheiten erfährt man im sehenswerten **Ostholstein-Museum** auf dem Schlossplatz. Der Schwerpunkt des Museums liegt heute auf Sonderausstellungen zeitgenössischer Kunst (Schlossplatz 1, Tel.: 0 45 21 / 78 85 20, www.oh-museum.de, April–Sept. Di bis Fr 10–13 Uhr und 14–17 Uhr, Sa/So 10–17:30 Uhr, Okt.–Jan./März Mi bis Fr 15–17 Uhr, Sa/So ab 11 Uhr, Erwachsene 3 €, Jugendliche 14–18 Jahre 1 €).

Eine wahres Gartenparadies ist der weitläufige **Schlossgarten,** den Herzog Peter Friedrich Ludwig Ende des 18. Jh. im englischen Stil umgestalten ließ. Knorrige alte Bäume, bunte Blütenarrangements, verwunschene Teiche, Tempel und Pavillons laden zum Verweilen ein. Auch ein Arboretum mit Bäumen aus aller Welt ist angelegt. Mitten in der grünen Oase finden im Sommer die bekannten Eutiner Opernfestspiele auf einer großen Freilichtbühne statt. Vom Schlossgarten aus führt eine wunderschöne, alte Lindenallee zum Großen Eutiner See, aus dem die steinerne Skulptur „Die Schauende" – ähnlich wie die Kopenhagener Meerjungfrau – aus dem Wasser grüßt.

Altstadt

Der Mittelpunkt der Stadt ist der geschäftige **Marktplatz**, der von Cafés, Restaurants, kleinen Geschäften und prächtigen Gebäuden gesäumt wird. Nicht nur das klassizistische **Rathaus**, sondern auch das im 18. Jh. erbaute **Witwenpalais** gehören zu den beeindruckendsten Gebäuden der Stadt. Etwas abseits steht das vermutlich älteste Fachwerkgebäude der Stadt: die alte **Hofapotheke** von 1635.

An der Nordseite des Marktes ragt die wuchtige **St. Michaelis-Kirche** auf. Die Backsteinbasilika stammt aus dem 13. Jh., zu ihrer prachtvollen Ausstattung gehören ein Triumphkreuz, ein 2 m hoher Bronzeleuchter und eine meisterhaft geschnitzte Kanzel im Renaissancestil (Schlossstraße 2, Tel.: 0 45 21 / 7 01 30, Mo bis Sa 10–16 Uhr, während der Saison bis 18 Uhr, Kirchenkonzerte Mitte Juni–Juli Sa 11:30–12 Uhr, Eintritt frei bzw. Kartenvorverkauf im Kirchenbüro).

Im Anschluss daran lohnt sich ein Bummel durch das Häuserensemble in der **Stolbergstraße**, in der sich blühende Rosenstöcke an den Fachwerk- und Backsteinfassaden emporwinden. Zwischen all der Blütenpracht verstecken sich z. B. das **Geburtshaus von Carl Maria von Weber** in der Lübecker Straße, das **Stolberghaus**, in dem der Maler Johann Heinrich Wilhelm Tischbein lebte oder das **Haus Rastleben**, das dem Historiker Gerhard Anton von Halem als Wohnsitz diente.

Wasserturm

Einen der schönsten Blicke über die Stadt ermöglicht der 38 m hohe Wasserturm, der am höchsten Punkt der Wilhelmstraße aufragt und zudem eine Foto-Ausstellung aller noch existierenden Wassertürme Schleswig-Holsteins zeigt. 156 Stufen führen durch den Wassertank hinauf zur Aussichtsplattform. Nachts ist der schlanke Turm hell beleuchtet und schon von Weitem als eines der Wahrzeichen der Stadt zu sehen (Tel.: 0 45 21 / 7 09 70, Mitte Mai–Mitte Sept. Di bis So 11–16 Uhr, Eintritt 1,50 €).

ESSEN & TRINKEN

✕ *Historisches Flair*

Alte Mühle
Mühlenweg 5, Eutin
Tel.: 0 45 21 / 50 42
www.alte-muehle-eutin.de
In der alten Mühle lässt man sich Leckeres aus der gutbürgerlichen Küche schmecken. Mo Ruhetag.

✕ *Am Kellersee*

Uklei Fährhaus
Eutiner Straße 7, Eutin
Tel.: 0 45 21 / 24 58
www.uklei-faehrhaus.de
In stilvoller Atmosphäre werden Köstlichkeiten aus der Holsteiner Küche gereicht. Do Ruhetag.

SERVICEINFO

Tourist-Info Eutin
Markt 19, 23701 Eutin
Tel.: 0 45 21 / 7 09 70
www.eutin.de

BUNGSBERG

168 m ü. NN misst er, der höchste Punkt in ganz Schleswig-Holstein. Von Besuchern oft als kleiner Hügel belächelt, sind die Einheimischen stolz auf ihren Berg, auf dem sogar ein kleiner Skilift installiert ist. Auch ein schlanker Fernmeldeturm ragt oben am Gipfel in den Himmel, von dessen Plattform man einen traumhaften Ausblick über Ostholstein und weit hinaus auf die Ostsee genießen kann (tgl. 10–17 Uhr geöffnet, Eintritt frei).
Am Fuß des Bungsbergs liegt das fast 800 Jahre alte Dorf Schönwalde am Bungsberg, das sich mit historischen Reetdachhäusern von einer sehr reizvollen Seite präsentiert.
Fast alle Sehenswürdigkeiten des Ortes findet man rund um den Dorfteich. Hier stehen z. B. die **Ruhsalkate**, ein einstiges Armenhaus, die ehemalige **Dorfschule** aus dem Jahr 1786, die alte **Apotheke** sowie das **Schulhaus** von 1823, in dem sich nun das **Dorfmuseum** befindet. Außer dem einstigen Dorfschulraum sind auch historische Fotos und Gerätschaften der Bauern und Handwerker ausgestellt, die das bäuerliche Leben von damals dokumentieren (Am Ruhsal, Tel.: 0 45 28 / 7 37, www.dorfmuseum-schoenwalde.de, Mitte Mai–Sept. Di und Fr 16–18 Uhr, Juli und Aug. zusätzlich So 16–18 Uhr, Erwachsene 1,50 €, Kinder 1 €).

SERVICEINFO

Touristik Information
Mönchbusch 14
23744 Schönwalde am Bungsberg
Tel.: 0 45 28 / 9 10 60 63
www.schoenwalde-ostsee.de

Fehmarn
Sonne und Wind

Die sonnenverwöhnte Insel misst 185 km² und ist seit 1963 durch eine Brücke mit dem Festland verbunden. Fehmarn hat in jede Himmelsrichtung eine Menge zu bieten: Im Norden eine wunderschöne Dünenlandschaft, im Süden feinsandiger Badestrand, idyllische Steilküsten im Osten und windzerzauste, vogelreiche Naturstrände im Westen.

▶ BURG

6.625 Einwohner

Der Hauptort der Insel verbreitet mit Kopfsteinpflastergassen, Fachwerkhäusern und einer von Bäumen gesäumten Hauptstraße ein romantisches Flair. Lebhaft geht es auf dem zentralen **Marktplatz** zu, wo das mit Erkern und Türmchen geschmückte **Jugendstil-Rathaus** von 1900 steht. In der breiten Straße ragt die **St. Nikolai-Kirche** auf, zu deren Ausstattung ein Bronzetaufbecken, ein Schnitzaltar und eine wertvolle Madonnenfigur gehören. An der Außenwand erinnert eine Sandsteintafel an die 1420 von den Dänen getöteten Inselbewohner.

Museen

Gleich nebenan, im einstigen Posthaus, lohnt das **Peter-Wiepert-Heimatmuseum** einen Abstecher. Eine umfangreiche Sammlung dokumentiert die Geschichte und die Bräuche der Insel, die liebevoll auch als „sechster Kontinent" bezeichnet wird (Breite Straße 49, Tel.: 0 43 71 / 62 57, www.museum-fehmarn.de, Ostern und Juni–Okt. Di bis Sa 11–16 Uhr, Eintritt 3 €).
Weit über die Insel hinaus bekannt ist das **Meereszentrum**, in dem die Unterwasserwelt tropischer Küsten und Korallenriffe zu sehen ist. Beeindruckend ist das 3 Mio. Liter Ozeanaquarium, in dem bis

zu 3 m lange Haie schwimmen (Gertrudenthaler Straße 12, Tel.: 0 43 71 / 44 16, www.meereszentrum.de, Juni–Aug. tgl. 10–19 Uhr, März–Mai und Sept.–Okt. tgl. 10–18 Uhr, Nov.–Feb. tgl. 10–17 Uhr, Erwachsene 10 €, Kinder 4–15 Jahre 6,50 €).
Kunstinteressierte kommen in der **E. L. Kirchner-Dokumentation** auf ihre Kosten. Der deutsche Expressionist lebte und malte zu Beginn des 20. Jh. vier Sommer lang auf Fehmarn. Die Dokumentation zeigt verschiedene Reproduktionen und historische Fotografien (Bahnhofstraße 47, Mo bis Fr 9:30–12 Uhr und 14:30–18:30 Uhr, außer Mi nachmittags, Eintritt frei).

Hafen Burgstaaken

Nachdem der natürliche Hafen von Burg auf Fehmarn verlandet war, liegen die Schiffe nun etwa 2 km südlich im Ortsteil Burgstaaken vor Anker. Zwischen kleinen Imbissbuden sind die Fischernetzte am Kai zum Trocknen ausgebreitet, während Kletterer an einstigen Getreidesilos emporsteigen, die hoch über dem Hafenbecken aufragen. Ein Blickfang ist das kompakte **U-Boot U11**, das als Museum auch von innen besichtigt werden kann (Tel.: 0 43 71 / 50 11 42, www.ostsee-u-boot.de, Mai–Okt. tgl. 10–18 Uhr, März–April tgl. 10:30–16 Uhr, Nov.–Feb. nur am Wochenende, Eintritt 6 €).
Gleich nebenan informiert eine Ausstellung über die deutsche U-Boot-Flotte der Nachkriegszeit. Unbedingt besuchen sollte man auch das interaktive Museum **Experimenta**, das in einem alten Hafenschuppen Physik zum Anfassen und Ausprobieren zeigt. An über 100 Stationen können kleine und große Besucher ihr Wissen testen und erstaunliche Erkenntnisse gewinnen (Hafenstraße 69, Tel.: 0 43 71 / 86 44 46, www.experimenta-fehmarn.de, Juli–Aug. tgl. 10–18 Uhr, April und Okt. tgl. 10–17 Uhr, Mai, Juni und Sept. tgl. 10–16:30 Uhr, Erw. 7 €, Kinder 6 €).
Ein Haus weiter reist man im **Planet Erde** durch die ganze Erdgeschichte (www.planet-erde-fehmarn.de) oder begibt sich im **Übersee-Museum** auf die Suche nach versunkenen Kulturen (Tel.: 0 43 71 / 87 92 47, www.abenteuer-uebersee.de, Erwachsene jeweils 6 €, Kinder 4,50 €, Öffnungszeiten wie bei der Experimenta).

Südstrand/Burgtiefe

Feinsandig und gepflegt zeigt sich der einzige reine Südstrand an der Ostseeküste von seiner schönsten Seite – ein wahres Badeparadies.

SPORT & FREIZEIT

FehMare

Südstrandpromenade 1, Burgtiefe
Tel.: 0 43 71 / 88 99 60
www.fehmare.de
Juli–Okt. tgl. 10–19 Uhr,
Nov.–Juni tgl. 14–19 Uhr, Sauna immer bis 22 Uhr.
3. Std. Badewelt Erwachsene 12 €

(15 € inkl. Wellnessbereich), Kinder 6 € (10 € inkl. Wellnessbereich). Sonnige Urlaubsstimmung auch bei schlechtem Wetter verschafft die weitläufige Badelandschaft mit Wellenbad, Außenbecken, Whirlpool, Wasserrutsche und ihrem großzügigen Wellnessbereich.

Silo Climbing
Burgstaaken
Tel.: 0 43 71 / 50 31 02
www.siloclimbing.de
April–Okt. tgl. 10–18 Uhr, Juni–Aug. open end, 1 Std. 5 €, jede weitere Std. 3 €, Ausrüstung nochmals 5 €.
Alte Getreidesilos werden hier zu Kletterwänden umfunktioniert. 14 Kletterrouten mit einer Länge zwischen 5 und 40 m bieten Kletterspaß für Anfänger und Könner in einer einmaligen Atmosphäre.

Windsurfschule Carchulla
Südstrand, Burgtiefe
Tel.: 0 43 71 / 34 00
www.extreme-life.de
Im stehtiefen Surfrevier können Anfänger ihre ersten Versuche im Kite-, Windsurfen und Stand up paddling starten.

Hochseilgarten Fehmarn
Meeschendorf, 23769 Fehmarn
Tel.: 0 43 71 / 21 89
www.hochseilgarten-fehmarn.de
Mai, Juni und Sept. Sa ab 13 Uhr, Juli und Aug. Do und Sa ab 11 Uhr, 2 Std. 20 €.
Gut gesichert, klettert und hangelt man sich in 10 m Höhe von Plattform zu Plattform.

ABENDGESTALTUNG

Burg-Film-Theater
Breite Straße 13a, Burg
Tel.: 0 43 71 / 67 28
www.burg-film-theater.de
Kleines „Kuschelkino" im 1970er-Jahre Stil, auch 3D-Vorführungen.

SERVICEINFOS

Touristinformation Südstrand
Südstrandpromenade 1
23769 Fehmarn OT Burgtiefe
und
Touristinformation Burg
Landkirchener Weg 46
23769 Fehmarn OT Burg
Tel.: 0 43 71 / 50 63 00
www.fehmarn.de

▶ KATHARINENHOF

69 Einwohner

An der Ostküste lädt das **Museum Katharinenhof** zu einer Reise in die Vergangenheit ein. In dem schön angelegten Freilichtmuseum sind nicht nur altes Werkzeug, mechanisches Spielzeug und Musikspielgeräte ausgestellt, sondern man kann auch eine Schmiede, eine Schreinerei und eine Buchdruckwerkstatt besichtigen, die in den einstigen Stallungen eingerichtet wurden. Besonderen Anklang findet das alte Backhaus und die Rauchkate – hier werden Steinofenbrote und leckere Kuchen bzw. Räucherwurst wie anno dazumal zubereitet (Katharinenhof 15, Tel.: 0 43 71 / 12 30, www.museum-katharinenhof.de, Osterferien und Mai–Okt. Di bis So 11–17 Uhr, Preise variieren). Unterhalb des Museums kommt man zur bewaldeten Steilküste, an der man nicht nur viel Ruhe und Ursprünglichkeit, sondern mit etwas Glück auch ein Stückchen Bernstein oder einen Hühnergott, wie die seltenen Steine mit Loch genannt werden, findet.

ESSEN & TRINKEN

Gemütliches Hofcafé

Allee-Café
Haus Nr. 3, Katharinenhof
Tel.: 0 43 71 / 50 38 38
www.alleecafe-katharinenhof.de
In einer mit viel Liebe zum Detail restaurierten Scheune und dem Cafégarten werden hausgemachte Torten, Kuchen und kleine Speisen serviert. Tgl. geöffnet.

▶ BANNESDORF

202 Einwohner

Beschaulich zeigt sich der nette Ort, der für die kleinste der vier Kirchen von Fehmarn bekannt ist – folgender Spruch beschreibt dies treffend: „Die Burger ist die größte, die Petersdorfer die höchste, die Landkirchener die feinste und die Bannesdorfer die kleinste." Im 14. Jh. wurde sie aus Feldsteinen erbaut, ihr Glockenturm dagegen erst 1701 aus Holz hinzugefügt. Hinter dem schlichten Äußeren verbergen sich ein wertvoller Taufstein, ein Rokokoaltar und drei über Gänge verbundene Barocklogen.

▶ *Ferienspaß am Strand.*

▶ PUTTGARDEN

423 Einwohner

Am Ende der Europastraße, die Fehmarn schnurgerade in zwei Hälften teilt, liegt der Fährort Puttgarden, von dem die Autofähren nach Skandinavien starten. Auch Züge werden per Schiff weiter in das dänische Rodby transportiert. Vom **Hafen** mit der angrenzenden Mole hat man einen guten Blick auf die schwimmenden Pötte und kann beobachten, wie schnell Autos, Lkws und Züge ein- und ausrangieren.

Naturschutzgebiet Grüner Brink

Westlich von Puttgarden schließt sich das **Naturschutzgebiet Grüner Brink** an, eine Strandwalllandschaft mit moorigen Seen, die sich entlang der Küstenlinie erstreckt. Vielen Vögeln, wie z. B. dem Rothalstaucher, dient die geschützte Zone, die sich im Sommer in ein lilafarbenes Blütenmeer verwandelt, als Brut- und Raststätte.

Gammendorfer Strand

Ein Spaziergang durch das Naturschutzgebiet führt weiter zum Gammendorfer Strand, einem naturbelassenen Strandabschnitt mit intakter Dünenlandschaft. Mitten am Strand steht das schlichte **Niobe-Denkmal**, das an den Untergang eines Segelschulschiffes im Jahr 1932 erinnert. Bei einem Gewitter kenterte der stolze Segler bei einer Fahrt durch den Fehmarnbelt und sank innerhalb weniger Minuten.

▶ PETERSDORF

565 Einwohner

Im Hauptort im Westen Fehmarns ist schon von Weitem die **St. Johannis-Kirche** zu sehen. Ein Lindenwall umgibt die stattliche Backsteinkirche aus dem 13. Jh., die im Inneren mit einem vergoldeten Schnitzaltar und einem hölzernen Sakramentshaus besticht. Der 64 m hohe Kirchturm diente früher als Landmarke, an der sich Seefahrer orientieren konnten. Backsteinhäuser, Gässchen und ein Teich vervollständigen das Bild der Dorfidylle. Jedes Jahr im Mai herrscht während des Rapsblütenfestes jedoch ein buntes, ausgelassenes Treiben mit Umzügen, Gauklern und Live-Musik – als Höhepunkt wird sogar eine Rapsblütenkönigin inthronisiert (www.rapsbluetenfest-fehmarn.de).

▶ FLÜGGE

Nur aus ein paar Häusern besteht der Weiler Flügge, dessen Attraktion ein **Leuchtturm** ist, der am Südwestzipfel der Insel aufragt. Mit 38 m ist der 1916 erbaute Turm der höchste der Insel und auch der einzige, den man besichtigen kann. Bei schönem Wetter bietet sich von der Aussichtsplattform ein Panoramablick auf den Fehmarnsund und über weite Teile der Insel (Di bis So 10–17 Uhr, Erw. 2 €, Kinder 1 €).

▶ ORTHER REEDE

An der Südküste der Insel öffnet sich die breite, Orther Reede genannte Bucht, die als Surf- und Segelparadies gilt. Das namensgebende Dorf wird von einem

WASSERVOGELRESERVAT 8

In dem 270 Hektar großen Schutzgebiet des Wasservogelreservats Wallnau nisten fast 80 verschiedene Brutvögel und auch zahlreiche Zugvogelarten nutzen es als willkommenen Rastplatz. Mit Ferngläsern ausgestattet, können Naturfreunde von versteckten Plätzen aus die Tiere beobachten, ohne sie zu stören. Für Kinder gibt es einen extra angelegten Tast- und Schnupperpfad. Die etwas Größeren folgen dem Pfad der Sinne, der nicht nur einzelne, versteckte Beobachtungsstätten verbindet, sondern an den dazwischenliegenden Erlebnisstationen die Natur auf spielerische Weise näherbringt. Eine sehenswerte Ausstellung im NABU-Gebäude informiert im Anschluss daran nochmals umfassend über das Naturschutzgebiet.

Wasservogelreservat Wallnau
Wallnau 4, 23769 Fehmarn
Tel.: 0 43 72 / 10 02
www.nabu-wallnau.de
März–Okt. tgl. 10–17 Uhr, Führungen um 11, 13 und 15 Uhr, Erwachsene 7 €, Kinder 3 €.

langgestreckten Hafen dominiert, den Kaiser Wilhelm I. 1881 anlegen ließ. Vor dem Zweiten Weltkrieg war Orth sogar ein kleines Seebad – damals konnte man auch noch auf dem gegenüberliegenden **Krummsteert**, einem Nehrungshaken, baden. Heute ist dieser als Naturschutzgebiet ausgewiesen, in dem Vögel ungestört brüten können.
Im Zentrum der Bucht wartet bei Lemkenhafen noch eine Attraktion auf Besucher: Hier steht die über 200 Jahre alte **Mühle Jachen Flünk**, die einzige noch funktionstüchtige Segelwindmühle in Europa.
Je nach Windstärke wurden die riesigen Holzgitterflügel ganz oder teilweise mit Segeltuch bespannt, um Gerste und Weizen zu Graupen und Grütze zu mahlen. Da die Mühle als Museum eingerichtet ist, kann man die Technik aus nächster Nähe bestaunen (Mühlenweg 45, Lemkenhafen, Tel.: 0 43 72 / 18 94, www.museum-fehmarn.de, Osterferien und Juni–Okt. Do bis Di 10–17 Uhr, Erw. 3 €, Kinder bis 14 Jahre 1 €).

▶ LANDKIRCHEN

1.103 Einwohner

Fast genau in der Mitte der Insel liegt Landkirchen, der vierte Kirchort von Fehmarn. Beschaulich geht es zwischen den alten Giebelhäusern zu, in denen sich Geschäfte und Restaurants befinden. Das war jedoch nicht immer so: Bis 1867 tagte hier die Landesversammlung Fehmarns und Landkirchen war damit Verwaltungsmittelpunkt mit großem politischen Einfluss. Erst nach der Einführung der preußischen Gesetzgebung geriet der Ort immer mehr in den Schatten des nahen Burgs.
In einem übertrumpft Landkirchen den Nachbarort allerdings noch immer: Bis heute bestätigt die reiche Ausstattung der St. Petri-Kirche den Spruch, der sie als „die feinste der vier Inselkirchen" beschreibt. Beeindruckend sind der gotische Marienleuchter von 1390, farbenprächtige Logen und zwei Votivschiffe, von denen eines das älteste Modellschiff in ganz Deutschland ist.

JIMI HENDRIX

Legendär wie Woodstock sollte es werden, das Love & Peace Festival von 1970 am Flügger Strand, das durch Dauerregen, Windböen und eine schlechte Organisation jedoch im großen Chaos endete. Dennoch ist die Veranstaltung unvergessen: Denn Jimi Hendrix gab hier sein letztes Konzert – wenige Tage später starb er in London. Zur Erinnerung an die Musiklegende steht ein großer Gedenkstein mit eingemeißelter E-Gitarre am Strand.

ESSEN & TRINKEN

✕ *Alte Fachwerkkate*

Dat ole Aalhus
Hauptstraße 39a, Landkirchen
Tel.: 0 43 71 / 91 99
www.aalhus.de
Frische Fischgerichte für jeden Geschmack gibt es in urigem Ambiente. Tgl. geöffnet.

Lübecker Bucht
Hanseflair und Badeparadies

Wie Perlen an einer Kette reihen sich die beliebten, traditionsreichen Ostseebäder an der feinsandigen Lübecker Bucht aneinander. In der Hansestadt selbst erwartet die Besucher eine lebendige Mischung aus geschichtsträchtigen Gebäuden, einer beindruckenden Backsteinarchitektur und einer breiten Kulturszene.

▶ LÜBECK

209.900 Einwohner

Schon von Weitem ist die berühmte Silhouette der Altstadt mit den Kirchtürmen zu sehen, die als UNESCO-Weltkulturerbe ausgezeichnet ist. An jeder Ecke erinnert die „Königin der Hanse" an den Ruhm und Reichtum der vergangenen Tage, der sich in einem blühenden Kulturangebot niederschlug.

Geschichte

Gleich dreimal musste Lübeck gegründet werden, bevor es seinen heutigen Platz behaupten konnte. Bereits im 10. Jh. errichteten Slawen am Zusammenfluss von Schwartau und Trave die Burg Liubice, die „Liebliche". Nach ihrer Zerstörung entstand unter dem Schauenburger Grafen Adolf II. eine neue Siedlung unterhalb des heutigen Burgtors. Dank ihrer günstigen Lage an einem alten Handelsweg begann eine aufstrebende Blütezeit, die dem Welfenkönig, Herzog Heinrich dem Löwen, jedoch ein Dorn im Auge war. Durch Unterbindung des Handels und nach einem verheerenden Stadtbrand eignete er sich die Reste der Siedlung schließlich an und ließ Lübeck 1159 zum dritten Mal gründen. Bereits ein Jahr später ernannte er die Stadt zum Bischofssitz und stattete sie mit dem Stadtrecht aus,

das später als lübisches Recht an über 100 Orte im ganzen Ostseeraum verliehen wurde.
Den endgültigen Aufschwung leitete der Beitritt zur Hanse um 1300 ein, in der sich die Kaufmannstadt schnell eine Vorherrschaft erringen konnte, die jahrhundertelang anhielt. Als führendes Handelszentrum im Ostseeraum genoss Lübeck nicht nur Macht und Ansehen, sondern auch ein stolzes, kaufmännisches Selbstbewusstsein, das zu Differenzen mit der Kirche führte. Dennoch konnten die diplomatischen Lübecker Ratsherren die Geschicke ihrer Stadt so lenken, dass sie die Blütezeit bis Ende des 18. Jh. anhielt. Erst mit der Besetzung durch Napoleons Truppen und dem Bankrott zahlreicher Kaufleute begann der Niedergang der Hansestadt, die 1937 schließlich nach über 700 Jahren ihren Status als freie Reichsstadt verlor und Schleswig-Holstein zufiel.

Tour durch die Stadt

Am besten erkundet man die UNESCO-ausgezeichnete **Altstadt** mit ihren stolzen Bauten und der lebendigen Kultur zu Fuß. Zwischen den schmalen Kopfsteinpflastergassen und breiten, pulsierenden Straßen der Altstadt verstecken sich die facettenreichen Denkmäler, die an die abwechslungsreiche Vergangenheit der Hansestadt erinnern. Da die Altstadt wie eine Insel von Wasser umgeben ist, beginnt der Spaziergang an der **Puppenbrücke** am **Holstentor**, dem Wahrzeichen Lübecks. Schon seit der Errichtung stehen die beiden imposanten Tortürme, die von zwei Löwen bewacht werden, schief auf dem morastigen Untergrund.
Hinter dem Tor fällt der Blick auf die alten **Salzspeicher**, in denen vom 16. bis zum 18. Jh. Salz lagerte, das auf flachen Kähnen über den Stecknitzkanal transportiert wurde. Auf der anderen Seite der Brücke wendet man sich links und kommt nach kurzer Zeit ins **Patrizierviertel** mit der Mengstraße, in der zwei schöne **Renaissance-Kaufhäuser** erhalten geblieben sind. Gegenüber des Buddenbrookhauses ragt die alte **St. Marien-Kirche** stolz in den Himmel. Die dreischiffige Backsteinkirche gilt nicht nur als Prototyp nordeuropäische Backsteingotik, sondern war jahrhundertelang auch die höchste in Deutschland. Im Inneren beeindrucken viele Kunstwerke des 14. bis 18. Jh. wie der Antwerper-Marienaltar, eine astronomische Uhr oder ein Bronzetaufbecken.
In unmittelbarer Nähe der Kirche steht das **Rathaus**, das verschiedene Baustile vereint. Besonders schön ist die große Schaufassade mit ihren Türmen und Windlöchern, unter der sich ein grauer Renaissance-Laubengang befindet. Aus derselben Zeit stammen der holzgeschnitzte Erker am Langen Haus und die prächtige Treppe an der Ostwand, während der Audienzsaal im Rokokostil gehalten ist.

Nach der Besichtigung verlässt man das Rathaus über die große Freitreppe und steht nun mitten in der Breiten Straße, der **Fußgängerzone**. Hier kann man sich im Café Niederegger eine süße Marzipanpause gönnen, bevor es den Koberg hinauf zu den Häusern der **Kaufmannschaft** aus dem 19. Jh. geht. Nicht weit davon wurde 1535 ein zweigeschossiges **Treppengiebelhaus** gebaut, das als Versammlungshaus der Schiffergesellschaft diente. Mitten auf dem Koberg thront die **St. Jacobi-Kirche** aus dem 13. Jh. Vier Kupferkugeln zieren den Turmhelm der Schifferkirche, die innen mit einer schönen Empore und einer geschnitzten Wendeltreppe ausgestattet ist. An der Ostseite des Platzes steht das **Heiligen-Geist-Hospital,** eine der ältesten Sozialeinrichtungen Europas. Neben einer Hallenkirche mit gotischen Fresken gehört auch das Lange Haus, in dem die Betten der Bedürftigen standen, zur Anlage. Zwischen Koberg und Untertrave gelangt man in die **Engelsgrube**, eine der typischen, gängereichen Straßen der Lübecker Altstadt. Früher bildeten die Häuser zur Straße hin eine einheitliche Front, während im Hinterhof Freiflächen, sogenannte Hagen, als Garten oder Innenhof genutzt wurden. Aus Wohnungsnot errichtete man ab 1400 auch

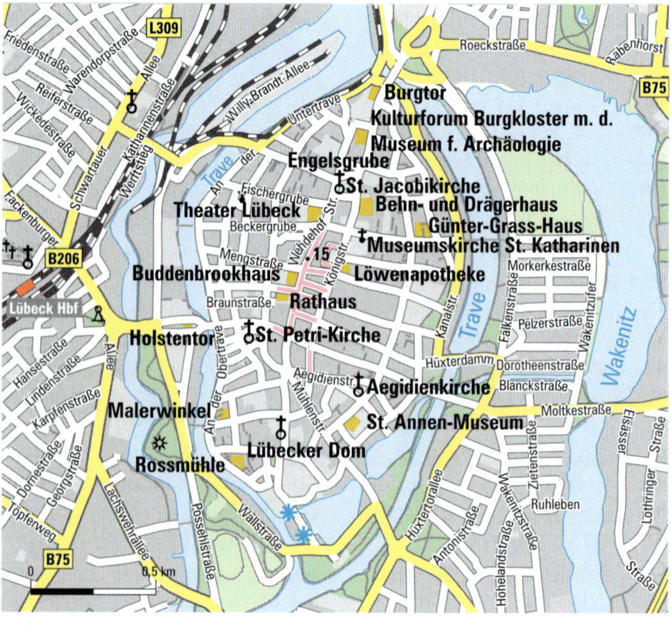

▶ *Lübeck.*

auf den Hagen kleine Häuser mit schmalen Zugängen zur Straße, die heute ein lustiges Gewirr aus engen, kleine Gängen bilden.
Wer möchte, kann nun einen Abstecher zum **Burgtor**, dem nördlichsten der ehemals vier Stadttore machen, das 1685 mit einer barocken Haube versehen wurde. Danach geht es durch die Königstraße, vorbei an der alten **Löwenapotheke**, in den Ostteil der Altstadt. Auch im Aegidien-Viertel gibt es viele der kleinen Gänge zu entdecken, besonders schön ist der Verbindungsgang **Unnerbüx**, der gleich drei Ausgänge besitzt. Hier ragt auch die romanische **Aegidienkirche** auf, die kleinste der fünf Lübecker Kirchen. Zu ihren Kunstschätzen gehören eine Bronzetaufe, der Barockaltar und die Kanzel.
Von hier ist es nicht weit ins Domviertel, das vom dreischiffigen, gotischen **Dom** beherrscht wird. Den Grundstein für das imposante Gotteshaus legte Heinrich der Löwe 1137, an den ein gotischer Löwe erinnert. Eindrucksvoll sind auch das Triumphkreuz und der Marienaltar. Vorbei am **Zeughaus** mit dem auffälligen Renaissancegiebel geht es weiter zur alten **Rossmühle**, einer Kornmühle aus dem 18. Jh., die einst mit Pferdekraft betrieben wurde. Heute befinden sich in den historischen Räumen Wohnungen. An der Uferpromenade der Obertrave schlendert man nun zur Dankwartsbrücke, dem berühmten **Malerwinkel** der Stadt. Unzählige Künstler haben von diesem Blickwinkel aus die pittoreske Altstadt mit den aufragenden Türmen gemalt. Der Rundgang endet schließlich an der **St. Petri-Kirche** aus dem 13. Jh. Vom etwa 50 m hohen Turm des fünfschiffigen Gotteshauses kann man zum Abschluss noch einen herrlichen Rundblick über die Dächer Lübecks genießen.

Museenlandschaft

Die unglaubliche Vielfalt an Museen und Ausstellung spiegeln Lübecks reiches, kulturelles Erbe wider und machen die Wahl schwer.
Aus dem 14. Jh. stammt die **Museumskirche St. Katharinen**, deren prächtige Westfassade aus schwarzen und roten Ziegeln besteht. In der stillen Atmosphäre des Sakralbaus kommen die berühmten Gemälde verschiedener Künstler, die im Inneren gezeigt werden, besonders zu Geltung.
Ganz anders präsentieren sich dagegen **Behn- und Drägerhaus**, zwei pittoreske Kaufmannshäuser aus dem 18. Jh. Nicht nur die damalige Wohnkultur, sondern auch Kunst vom 19. Jh. bis zur klassischen Moderne wird im Inneren der Gebäude gezeigt.
Im Norden der Altstadt entsteht auf dem Areal des Burgklosters derzeit das **Europäische Hansemuseum,** das voraussichtlich im Herbst 2013 eröffnen wird. Das Erlebnismuseum wird sich mit der Vergangenheit und der Aktualität des grenzüberschreitenden Phänomens Hanse

MUSEUMSADRESSEN

April–Dez. Di bis So 10–17 Uhr, Jan.–März Di bis So 11–17 Uhr (Abweichungen s. u.),
Eintrittspreise: Erwachsene 6 €, Kinder ab 6 Jahren 2 €.
Ausnahmen: Buddenbrookhaus und Günter-Grass-Haus 2,50 € für Kinder, Theaterfigurenmuseum 3 € für Kinder ab 12 Jahren.
www.die-luebecker-museen.de

Museumskirche St. Katharinen
Königstraße, Tel.: 04 51 / 1 22 41 37, April–Sept. Fr bis So 10–17 Uhr

Behn- und Drägerhaus
Königstraße 9–11
Tel.: 04 51 / 1 22 41 48

St. Annen-Museum und Kunsthalle St. Annen
St. Annen-Straße 15
Tel.: 04 51 / 1 22 41 37

Museum für Natur und Umwelt
Musterbahn 8, Tel.: 04 51 / 1 22 41 22, Di bis Fr 9–17 Uhr, Sa/So 10–17 Uhr

Theaterfigurenmuseum
Kolk 14, Tel.: 04 51 / 7 86 26, April–Okt. tgl. 10–18 Uhr, Nov.–März Di bis So 11–17 Uhr

Buddenbrookhaus
Mengstraße 4, Tel.: 04 51 / 1 22 41 90, April–Dez. tgl. 10–18 Uhr, Jan.–März tgl. 11–17 Uhr

Günter-Grass-Haus
Glockengießerstraße 21, Tel.: 04 51 / 1 22 42 30, April–Dez. tgl. 10–17 Uhr, Jan.–März Di bis So 11–17 Uhr

Willy-Brandt-Haus
Königstr. 21, Tel.: 04 51 / 1 22 42 50, www.willy-brandt-luebeck.de, April–Dez. tgl. 11–18 Uhr, Jan.–März Di bis So 11–17 Uhr, Eintritt frei

auseinandersetzen. Das Burgkloster wird saniert und restauriert, um als bedeutendes Baudenkmal in das Europäische Hansemuseum einbezogen zu werden. Weitere Informationen unter www.hansemuseum.eu.
Das kunsthistorisch wohl bedeutendste Museum der Stadt ist das **St. Annen-Museum** im jüngsten und prächtigsten von Lübecks Klöstern. In den Räumen des einstigen Nonnenklosters sind mittelalterliche, kirchliche Kunstwerke wie z. B. eine große Sammlung wertvoller Schnitz- und Flügelaltare zusammengetragen. Im Garten des Museums stehen Skulpturen aus dem 18. Jh., die römische Götter und Tugenden darstellen.
Auf dem Gelände der Klosterkirche befindet sich auch die moderne **Kunsthalle St. Annen**. Hier begeistern nicht nur die Kunstwerke, sondern auch die Architektur, die die historischen Reste der ehemaligen Klosterkirche miteinbezieht.
Südlich des Doms taucht man im **Museum für Natur und Umwelt** in die Erdgeschichte und heimische Tierwelt ein. Riesige Skelette, lebendige Honigbienen und ein über 200 kg schwerer Meteorit gehören zu den Ausstellungsstücken.
In den engen Gassen zwischen Holstentor und Petrikirche wurden in fünf historischen Backsteinhäusern die weltweit größte Sammlung von **Theaterfiguren** zusammengetragen. Nicht nur kunstvolle Exponate aus Asien, Afrika und Europa sind zu sehen, in einem der Häuser

▶ *Der Eingang zu Lübecks Altstadt: das Holstentor.*

werden die Figuren auch wie von Zauberhand zum Leben erweckt und zeigen spannende Vorführungen für Erwachsene und Kinder.
Mit einem ungewohnten Ausstellungskonzept überrascht das **Buddenbrookhaus**, in dem die Großeltern von Thomas Mann lebten und das ihm als Vorlage für seinen mit dem Nobelpreis ausgezeichneten Roman diente. Mit Seitenzahlen versehene Requisiten stellen die Szenen so lebensecht nach, dass man sich selbst wie ein Teil der Geschichte fühlt. Im unteren Stock erzählen außerdem verschiedene Stationen chronologisch vom unterschiedlichen Lebensweg der beiden Brüder Thomas und Heinrich Mann.
Einem zweiten Nobelpreisträger widmet sich das **Günter-Grass-Haus**, das viele Originalwerke des Schriftstellers zeigt, der auch als Grafiker und Bildhauer arbeitete. Mitte des 20. Jh. begann Günter Grass seinen Roman „Die Blechtrommel" zu schreiben, in dem er in drastischen Bildern das angepasste, kleinbürgerliche Leben zur damaligen Zeit beschreibt.
Um die dritte bekannte Lübecker Persönlichkeit dreht sich alles im

MARZIPAN

Seit vielen Jahrhunderten wird die weltbekannte süße Leckerei in der Hansestadt hergestellt. Ihren Ruhm verdankt das Mandel-Zucker-Gemisch, dessen Rezept im Mittelalter aus dem Orient kam, dem jungen Konditor Georg Niederegger. Er war einer der ersten, der die begehrte Masse zu verschiedenen Motiven formte und als süße Überraschung verkaufte.

Willy-Brandt-Haus, das die bewegte Karriere des Politikers dokumentiert. Seine Geburt in Lübeck, die Emigration nach Norwegen zu Zeiten des Nationalsozialismus, der Aufstieg zum Bundeskanzler und die Verleihung des Friedensnobelpreises – jeder bedeutende Lebensabschnitt wird in einem Zimmer des Museums näher beleuchtet.

ABENDGESTALTUNG

Jazz-Café
Mühlenstraße 62, 23552 Lübeck
Tel.: 04 51 / 7 07 37 34
www.jazz-cafe-hl.de
Charmantes Flair versprüht das Jazz-Café im Herzen der Lübecker Altstadt.

Theater Lübeck
Beckergrube 16, 23552 Lübeck
Tel.: 0 4 51 / 7 08 80
www.theaterluebeck.de
Das Stadttheater zeigt erstklassige Musikaufführungen, Theaterstücke und Konzerte.

SERVICEINFO

Welcome Center (Touristbüro)
Holstentorplatz 1
23552 Lübeck
Tel.: 04 51 / 8 89 97 00
www.luebeck-tourismus.de

▶ TRAVEMÜNDE

13.900 Einwohner

Städtischen Charme kombiniert die „schönste Tochter von Lübeck" mit der Eleganz eines Ostseebads. Über Jahrhunderte hinweg lebten die Bewohner vom Fischfang und der Schifffahrt, bis um 1800 die ersten Badegäste – meist reiche Lübecker Kaufmänner, die eine Sommerresidenz suchten – Einzug hielten.

▶ *Brunnen in der Altstadt von Travemünde.*

Mit Kurhaus, Strandpromenade, Seebadeanstalt und Spielbank entstand bald eines der elegantesten Seebäder, das vor allem russische Aristokraten anlockte. Doch erst nachdem Kaiser Wilhelm II. 1889 hier an einer Wettfahrt teilnahm, die das heutige Großereignis Travemünder Woche einleitete, wurde die Stadt auf einen Schlag in ganz Deutschland bekannt.

Altstadt

Bis heute trifft sich die High-Society in der Vorderreihe, der langen Einkaufsstraße mit Boutiquen, Restaurants, Cafés und Hotels. Wie von einer Tribüne kann man hier das Geschehen auf dem Wasser beobachten, wo Segelschiffe, Fischkutter und die riesigen Passagierfähren vorbeiziehen. Gleich am Anfang der Vorderreihe steht das Vogteigebäude aus dem 14. Jh., das mit seiner verzierten Rokokotür jahrelang das schönste Polizeirevier des Landes war, bis vor einigen Jahren ein Künstleratelier und Café einzogen. Gleich um die Ecke liegt das alte Travemünde mit seinen kleinen Gassen und hübschen Fachwerkhäusern. Dazwischen ragt die **St. Lorenz-Kirche** auf, deren sehenswertes Inneres von einer reich bemalten Holzdecke dominiert wird. Gegenüber befindet sich das **SEEBADmuseum**, das Besucher mit Wellenrauschen und Möwengeschrei empfängt. Exponate wie ein alter Roulette-Kessel von 1860 erläutern die wechselvolle Geschichte von Travemünde von 1802 bis heute (Torstraße 1, Tel.: 0 45 02 / 9 99 80 94, www.museum-travemuende.de, März–Dez. tgl. 11–17 Uhr, Erw. 5 €, ermäßigt 2,50 €).

Trave- und Strandpromenade

Direkt hinter den beiden Uferpromenaden steht der rote **Backsteinleuchtturm**, der 1539 erbaut wurde und damit das älteste erhaltene Seezeichen der Küste ist. Zwar weist er schon seit 1974 den Schiffen nicht mehr den Weg, informiert jedoch dafür in einem kleinen Museum über die Geschichte der Leuchtfeuertechnik. Oben auf dem Rundgang hat man einen herrlichen Blick auf die Travemündung und die Uferpromenade (Am Leuchtenfeld 1, Tel.: 0 45 02 / 88 91 80, www.leuchtturm-travemuende.de, Sept.–Jan. tgl. 13–16 Uhr, Nov. und Dez. nur So, Juli und Aug. tgl. 11–16 Uhr, Erwachsene 2 €, Kinder bis 14 Jahre 1 €).
Vor der Strandpromenade erstreckt sich der lange, feinsandige Strand, der breit genug ist für Sonnenanbeter, spielende Kinder und Aktivurlauber.

Priwall

Am gegenüberliegenden Ufer liegt die Halbinsel Priwall, die man nur mit der Fähre erreicht. Am Fährplatz laden mehrere Kneipen zum Verweilen ein, bevor man die 115 m lange **Viermastbark Passat** besichtigt. An Deck des letzten großen Windjammers, der von 1911–1951

auf den Weltmeeren segelte, kann man ausgiebig herumstöbern und den Ausblick auf Travemünde genießen (Am Priwallhafen 16, Tel.: 0 45 02 / 99 97 28, www.ss-passat.com, Mitte Mai–Ende Sept tgl. 10–17 Uhr, Mitte April–Mitte Mai und Okt. tgl. 11–16:30 Uhr, Erw. 3 €, Kinder 6–18 Jahre 1,50 €).
Eine Besichtigung lohnt auch die **Ostseestation Priwall** in der Mehrzweckhalle am Hafen, die in Aquarien Quallen, Krabben und viele weitere Meeresbewohner der Ostsee ausstellt (Am Priwallhafen 10, Tel.: 0 45 02 / 30 87 05, www.ostseestation.de, Mai–Okt. Di bis So 10–17 Uhr, Nov.–April Do bis So 10–17 Uhr, Erwachsene 5 €, Kinder 3,50 €).
Der naturbelassene, von wilden Heckenrosen gesäumte Strand und das Vogelschutzgebiet im Südwesten der Halbinsel locken zum Spaziergehen.

SEA LIFE

Eine beliebte Attraktion nicht nur für Kinder ist das Sea Life, das in Riesenaquarien die faszinierende Unterwasserwelt zeigt. Hautnah erlebt man Seesterne, Krabben und Anemonen im Fühlbecken.

Sea Life
Kurpromenade 5
Timmendorfer Strand
Tel.: 0 18 05 / 66 69 01 01
www.visitsealife.com
Tgl. 10–19 Uhr, Erwachsene 13,95 €, Kinder 3–14 Jahre 9,95 €.

SPORT & FREIZEIT

Hochseilgarten Travemünde
Kurgartenstraße 91–97
Travemünde
Mobil: 01 73 / 6 33 13 31
www.hochseilgarten-travemuende.de
März–Aug. tgl. 10–18 Uhr, Sept. und Okt. tgl. 11–16 Uhr, Eintritt 10 €, für Studenten 13 €, Anmeldung erforderlich.
Verschiedene Parcours mit insgesamt 36 Stationen im schattigen Wald bieten Klettervergnügen für Groß und Klein.

SERVICEINFO

Welcome Center (Touristbüro)
Bertlingstraße 21
23570 Travemünde
Tel.: 04 51 / 8 89 97 00
www.travemuende-tourismus.de

▶ TIMMENDORFER STRAND

9.000 Einwohner

1865 kam der erste Kurgast in das Ostseebad, das heute zu den mondänsten an der ganzen Küste zählt. Vor allem am Wochenende trifft sich der Hamburger Jet-Set an der **Kurpromenade**, die von gehobenen Restaurants, schicken Boutiquen und teuren Schmuckgeschäften gesäumt wird. Hinter der „Schaumeile“ zieht sich die **Strandallee** durch den Ort, die als Adresse der eleganten Hotels und Pensionen gilt. Etwas ruhiger wird es erst im **Kurpark** oder am feinsandigen, kilometerlangen **Strand**, der weitgehend mit Strandkörben belegt ist.

▶ *Am Timmendorfer Platz.*

Den schönsten Blick auf das bunte Treiben hat man von der **Seebrücke**, die weit ins Meer hineinragt.

Niendorf

Familiärer als im Timmendorfer Gemeindeteil geht es in dem ehemaligen Bauern- und Fischerdorf zu. Erst 1922 entstand der kleine Fischereihafen, der damit der jüngste, gleichzeitig aber auch romantischste in der ganzen Bucht ist. Zwischen den Fischkuttern und bemalten Holzbuden am Kai, die den frischen Fang direkt verkaufen, herrscht eine rege Betriebsamkeit. Gleich neben dem Hafen schließt sich der Badestrand an, auf dem es deutlich weniger gedrängt, dafür etwas ursprünglicher zugeht. Eine Promenade lädt außerdem zum Spazieren ein.

SPORT & FREIZEIT

Meerwasser-Hallenbad
Strandstraße 133, Niendorf
Tel.: 0 45 03 / 54 56
www.meerwasserhallenbad-niendorf.de
Tgl. 10–18 Uhr, Mi und Do bis 20 Uhr, Do erst ab 11 Uhr, Erwachsene 4 €, Kinder 1,50 €.
Im modernen Niendorfer Hallenbad, das ganz am östlichen Strandende liegt, planscht man auch bei schlechtem Wetter im salzigen Meerwasser.

Vogelpark Niendorf
An der Aalbeek, Niendorf
Tel.: 0 45 03 / 47 40
www.vogelpark-niendorf.de
Tgl. 9–20 Uhr, im Winter bis Einbruch der Dunkelheit, Erwachsene 7,50 €, Kinder 4 €.

In einer natürlichen Schilflandschaft leben über 250 verschiedene Vogelarten wie Störche, Kraniche, Reiher, Flamingos und Adler. Außerdem gibt es in den reetgedeckten Tierhäusern die artenreichste Eulensammlung von ganz Europa zu sehen.

SERVICEINFOS

Timmendorfer Strand und Niendorf Tourismus GmbH
Timmendorfer Platz 10
23669 Timmendorfer Strand
Tel.: 0 45 03 / 3 57 70
www.timmendorfer-strand.de

Filiale Niendorf
Strandstraße 121a
23669 Niendorf
Tel.: 0 45 03 / 35 77 60
www.niendorf-ostsee.de

▶ SCHARBEUTZ UND HAFFKRUG

11.700 Einwohner

Nur durch ein Ortsschild voneinander getrennt, liegen die beiden Familienbäder am langen, feinsandigen Badestrand, der sich hinter Dünen und Heckenrosen versteckt. Treffpunkt am Abend sind die beiden Seebrücken, von denen man einen schönen Blick über die Lübecker Bucht genießt. In Scharbeutz lädt die dort beginnende Promenade mit ihren Cafés zum Flanieren ein, während in Haffkrug ein Fischlehrpfad mit Schautafeln über die Meeresbewohner der Ostsee informiert.

SPORT & FREIZEIT

Ostseetherme Scharbeutz
Strandallee 143, Scharbeutz
Tel.: 0 45 03 / 3 52 60
www.ostsee-therme.de
Tgl. 9–22 Uhr, Sauna bis 23 Uhr, Tageskarte Erwachsene 20 €, Kinder von 4–15 Jahre 12 €.
Traumhafte Badelandschaft mit Blick auf die Ostsee. Subtropisches Abenteuerfeeling erlebt man im Strömungskreisel, der rasanten Riesenrutsche und unter den spritzigen Fontänen, während das Saunaparadies zum Entspannen einlädt.

SERVICEINFOS

Tourismus-Service Scharbeutz
Strandallee 134
23682 Scharbeutz
Tel.: 0 45 03 / 77 09 64
www.scharbeutz.de

▶ *Leuchtturm Pelzerhaken.*

Nebenstelle in Haffkrug
Ostsee Outlet
Strandallee 2
23683 Scharbeutz

▶ NEUSTADT (HOLST.)

16.300 Einwohner

Alte Segelschiffe, liebevoll restaurierte Speicher und verwinkelte, kleine Gassen in der Altstadt, in denen einige schöne historische Gebäude zu entdecken sind, machen Neustadt zu einem der schönsten Hafenorte in der Lübecker Bucht. Das Zentrum bildet ein rechteckiger Marktplatz mit der dreischiffigen **Stadtkirche**. Der von außen eher schlichte Backsteinbau beeindruckt innen mit seiner gewaltigen Höhe, die den barocken Schnitzaltar aus dem 17. Jh. perfekt zur Geltung bringt. Durch die Fußgängerzone gelangt man zum historischen **Kremper Tor**, das wie die Stadtkirche noch aus der Gründungszeit im 13. Jh. stammt.

Ein beliebtes Ausflugsziel ist das **zeiTTor – Museum der Stadt Neustadt in Holstein**, das mit moderner Technik einen spannenden Einblick in das Leben der Menschen in den letzten 7.000 Jahren zeigt (Vor dem Kremper Tor, Tel.: 0 45 61 / 61 93 07, www.zeittor-neustadt.de, Ostern – Okt. Di bis Sa 10:30–17 Uhr, So und feiertags 14–17 Uhr, Nov.–Ostern Fr 15–17 Uhr, Sa 10–12 Uhr, So 14–16 Uhr, Erwachsene 3,50 €, Kinder frei). Direkt daran angeschlossen ist das **Cap-Arcona-Museum**, das an die Katastrophe der untergegangenen Cap Arcona im Zweiten Weltkrieg erinnert, bei der über 4.500 KZ-Häftlinge starben (Am Markt 1, Tel.: 0 45 61 / 3 97 70, Ostern–Okt. Di bis Sa 10:30–17 Uhr, So und feiertags 14–17 Uhr, Nov.–Ostern Fr 15–17 Uhr, Sa 10–12 Uhr, So 14–16 Uhr, Erwachsene 3,50 €).

HANSAPARK

9

In Sierksdorf ist Deutschlands einziger Vergnügungspark am Meer, der mit einem bunten Mix aus Fahrgeschäften, Shows und einem Jahrmarkt lockt. Nerven sind beim freien Fall im Sturmvogel oder im Hochseilgarten gefragt, während es auf dem aussichtsreichen Holstein-Turm und in der Westernstadt ein wenig ruhiger zugeht.

Hansapark
Am Fahrenkrog 1, 23730 Sierksdorf
Tel.: 0 45 63 / 47 40
www.hansapark.de
Ende März–Anf. Okt. tgl. 9–18 Uhr,
Erw. 31 €, Kinder 4–14 Jahre 25 €.

Ausflüge

Ein Holzsteg führt durch die Dünen zum schönen Hausstrand von Neustadt, **Pelzerhaken**, der seinen Namen einer dem Ufer vorgelagerten, hakenförmigen Sandbank verdankt. Dahinter bietet das stehtiefe Wasser ideale Bedingungen für badende Kinder oder die ersten Wind- und Kitesurfversuche. Sehr idyllisch geht es im Ortsteil **Rettin** zu, ein etwa 5 km von Neustadt entferntes ehemaliges Fischerdorf, das sich seinen ursprünglichen Charme bewahren konnte. Ein beliebtes Ausflugsziel ist auch die stattliche, spätromanische **Basilika Altenkrempe**, die zu den schönsten und besterhaltenen Bauwerken Ostholsteins zählt. Im Inneren des wohlproportionierten Backsteinbaus beeindrucken ein ungewöhnliches Taufbecken und die kontrastfarbig gestalteten Wände.

SPORT & FREIZEIT

Sail and Surf Pelzerhaken
Auf der Pelzerwiese 24
Neustadt-Pelzerhaken
Tel.: 0 45 61 / 5 24 81 72
www.naishprocenter.de
Segel- und Surfschule mit angeschlossenem Naish Pro-Testcenter, Surf- und Badestrand; anerkannter Ausbildungsort des Verbands Deutscher Wassersportschulen.

SERVICEINFO

Tourismus-Service
Dünenweg 7
23730 Neustadt in Holstein/
Pelzerhaken
Tel.: 0 45 61 / 70 11
www.neustadt-holstein.de

▶ GRÖMITZ

7.700 Einwohner

Eine schön gestaltete Strandpromenade, ein großer Yachthafen und eine klassische Seebrücke prägen das Bild des großen Ostseebades, das mit einer gut ausgebauten Infrastruktur dem jährlichen sommerlichen Ansturm gut gewachsen ist. Während Grömitz im 12. Jh. noch im Schatten seines heutigen Vororts Cismar mit dem mächtigen Benediktinerkloster stand, mauserte es sich im Laufe der Jahre zum Handelszentrum der Klostergüter und erhielt deshalb 1440 sogar das lübische Stadtrecht. Nachdem die Mönche das nach der Reformation protestantisch gewordene Cismar jedoch verließen, sank Grömitz wieder auf seinen dörflichen Stand zurück und erhielt erst durch den einsetzenden Badebetrieb neuen Aufschwung. Heute spielt sich der größte Teil des Trubels entlang der beliebten Strandpromenade ab, die vom Yachthafen 3,5 km bis zum idyllischen Naturstrand Lensterstrand führt. Mit Granitsteinen gepflastert und von Cafés, Restaurants sowie Boutiquen gesäumt, gilt die Flaniermeile schon längst als Aushängeschild des Ortes. Beliebt sind auch die rund 150 Bänke entlang des Weges, die bei gutem Wetter nicht nur einen Blick weit hinaus auf die offene See, sondern sogar bis hinüber zur mecklenburgischen Küste bieten.

SPORT & FREIZEIT

Zoo ArcheNoah
Mühlenstraße 22, 23743 Grömitz
Tel.: 0 45 62 / 56 60
www.zoo-arche-noah.de
März–Okt. tgl. 9–18 Uhr,
Nov.–Feb. tgl. 9 Uhr bis zum Einbruch der Dunkelheit, Erwachsene 7 €, Kinder 4 €.
Kängurus, Seehunde, Wildkatzen und auch kleine Haustiere kann

▶ *Blick auf Grömitz.*

man in dem schön gestalteten Tierpark hautnah erleben. Für Kinder gibt es außerdem ein großes Spielparadies zum Toben, Klettern und Rutschen.

SERVICEINFO

Tourismus-Service Grömitz
Kurpromenade 58
23743 Grömitz
Tel.: 0 45 62 / 25 60
www.groemitz.de

▶ CISMAR

750 Einwohner

Etwa 6 km von Grömitz entfernt, steht die eindrucksvolle mittelalterliche Klosteranlage Cismar, nach Lübecks Burgkloster die zweitgrößte in Schleswig-Holstein. Um den ausschweifenden Lebenswandel der Lübecker Mönche einzudämmen, wurde 1238 mit dem Bau der Cismarer Anlage fernab jeglicher Versuchungen begonnen. Bis Mitte des 15. Jh. brachte es Cismar als Wallfahrtsort zu einigem Reichtum, verwaiste jedoch nach der Reformation. Heute haben sich zahlreiche Künstler und Kunsthandwerker im Klosterdorf niedergelassen, dessen Mittelpunkt die gewaltige Klosterkirche bildet. Im Hauptgebäude des Klosters werden wechselnde Kunstausstellungen des Schleswig-Holsteinischen Landesmuseums gezeigt und die Kunsthandwerker selbst stellen in ihren eigenen Werkstätten und Galerien ihre Arbeiten vor. Im August findet jedes Jahr außerdem das gut besuchte Klosterfest statt, das mit Musik, traditionellen Tänzen und einem großen Kunsthandwerkermarkt begangen wird.

▶ DAHME

1.200 Einwohner

Bevor die Region im 15. Jh. an das Kloster Cismar fiel, war Dahme Sitz der Ostholsteinischen Grafen. Lange nach dem Niedergang des Klosters entwickelte sich der Ort zum Seebad, das mit zahlreichen Freizeitaktivitäten wie Surfkursen, Reitstunden, Aerobic oder Tennis aufwartet. Von der **Strandpromenade** mit ihren kleinen, z. T. reetgedeckten Geschäften und Cafés gelangt man zum feinsandigen **Strand**, auf dem Strandkörbe zum Sonnenbaden einladen, während kleine Badenixen im flachen Wasser planschen können. Für ausgedehnte Spaziergänge eignet sich die idyllische Umgebung mit Steilküste, Wald und Dünenlandschaft.

Ein beliebtes Ausflugsziel ist der **Leuchtturm** von Dahmeshöved, der 28 m hoch aufragt. 104 Stufen führen hinauf zur Aussichtsplattform, die einen weiten Blick ins Hinterland und über die Lübecker Bucht ermöglicht.

SERVICEINFO

Touristinformation
Seestraße 50
23747 Dahme
Tel.: 0 43 64 / 4 92 00
www.dahme.com

▶ *Blick vom Leuchtturm Dahme.*

▶ GRUBE

1.000 Einwohner

Schöne Backsteinhäuser aus dem 19. Jh. flankieren die langgezogene Hauptstraße des Ortes, in dem die sehenswerte **St. Jürgen-Kirche** steht. Blickfang im Inneren ist der wertvolle Flügelaltar aus dem 15. Jh., der nur an hohen Feiertagen seine Flügel öffnet und den Blick auf eine kunstvoll gestaltete Kreuzigungsszene freigibt. Das ehemalige **Pfarrhaus** steht heute als ältestes datiertes Bauernhaus im Freilichtmuseum Molfsee bei Kiel.
Sehenswert ist auch das kleine **Dorfmuseum**, das eine große vor- und frühgeschichtliche Sammlung aus der Region, eine historische Schlafstube und die Einrichtung einer alten Dorfschule präsentiert. Faszinierend ist auch ein handgetriebenes Spinnrad aus dem 19. Jh., das mit 60 Spindeln betrieben wurde (Hauptstraße 18, Tel.: 0 43 64 / 4 81 80, Mai–Sept. Mi und Fr 16–18 Uhr, Erwachsene 1,50 €).

SERVICEINFO

Tourist-Büro Gemeinde Grube
Wenddorf 1, 23749 Grube
Tel.: 0 43 64 / 47 15 63
www.gemeinde-grube.de

▶ GROSSENBRODE

2.200 Einwohner

Ganz oben im Norden der Lübecker Bucht liegt die Gemeinde Großenbrode, die schon zur Zeit der Wenden als bedeutender Fährort Richtung Fehmarn bekannt war. Mit dem Bau der großen Fehmarnsundbrücke im Jahre 1963, die nun als direkte Vogelfluglinie nach Skandinavien führt, begann der Aufbau der Tourismusregion in dieser idyllischen Umgebung. Heute ist das Ostseeheilbad Großenbrode ein beliebter, moderner und familienfreundlicher Urlaubsort.
Von der Steilküste bis zur Seemole erstreckt sich die **Strandpromenade** mit netten Cafés und vielen kleinen Läden. Am weitgehend feinsandigen und steinfreien Strand tummeln sich neben Familien auch viele Surfer, die hier ideale Bedingungen vorfinden. Lebendig geht es auch in den modernen **Yachthäfen** zu, in dem Fischerboote und kleine Segeljollen nebeneinander festmachen. Sehenswert ist die **St. Katharinen-Kirche** von 1232 mit ihrem niedrigen Glockenturm aus dem 18. Jh. Schmale Spitzbogenfenster, eine barocke Kanzel und ein wertvoller Altar beherrschen das Innere.

ESSEN & TRINKEN

Meerblick

Brückenrestaurant
Südstrand 38, Großenbrode
Tel.: 0 43 67 / 5 40
In gemütlichem Ambiente werden regionale Gerichte serviert. Im Winter geschlossen.

SERVICEINFO

Kurverwaltung Großenbrode
Teichstraße 12, 23775 Großenbrode
Tel.: 0 43 67 / 99 71 13
www.grossenbrode.de

1 Via Jutlandica – von Krusau nach Handewitt

TOURINFO KOMPAKT

Anspruch:	Länge:	Dauer:	Höhendifferenz:
mittel	16,1 km	3:30 Std.	143 m

Von Krusau bis Glückstadt an der Elbe führt die Via Jutlandica, der Jakobsweg in Schleswig-Holstein. Über das flache Land wandern wir die erste Etappe von Dänemark nach Handewitt und kommen in den Genuss von geschichtsträchtigen Stätten und idyllischer Seen.

Ausrüstung: Wanderschuhe, Sonnenschutz, Getränke und Verpflegung.

Anfahrt mit dem Auto: A7 bis Ausfahrt Flensburg, weiter über die B200 nach Krusau.

Anfahrt mit Bus & Bahn: Mit dem Zug nach Flensburg, weiter mit dem Bus nach Krusau.

Ausgangspunkt: Am See in Krusau
54° 50' 44" N 9° 23' 55" O

Einkehr: Am Ziel der Tour.
Unsere Empfehlung:
Hotel Restaurant Handewitt · Osterstraße 2 · 24983 Handewitt · Tel.: 0 46 08 / 9 71 68 00 · www.gasthofhandewitt.de, Schleswig-Holsteinische Küche, Pastagerichte, Mo Ruhetag.

Unser Pilgerweg durch den hohen Norden beginnt in S Krusau. Das dänische Städtchen liegt unmittelbar hinter der Grenze und ist von Flensburg aus mit dem Bus zu erreichen. 1920 wurde Krusau durch die Grenzziehung vom Nachbarort Kupfermühle und dem südlichen Umland getrennt und entwickelte sich fortan zu einem Einkaufsort. Westlich der Hauptstraße, am Mühlenteich, beginnen wir unsere Wanderung. Hier befindet sich die **Wassermühle** 1, eines der wichtigsten Bauwerke des Ortes. Wir gehen an dem Mühlweiher vorbei und verlassen Krusau auf einem Weg, der uns durch das Tunneltal des gleichnamigen Grenzflüsschens führt, heute ein Interregio-Naturschutzprojekt. Wir gehen rechts über den großen Parkplatz und dahinter links. Vor der Bundestraße biegen wir allerdings rechts auf die **Alte Zollstraße** 2 und wandern über die Grenze nach Deutschland hinein. Dieser Weg ist einer der ältesten in der Region und auf dänischer Seite im originalen gepflasterten Zustand erhalten. An der Grenze finden wir das erste Muschelzeichen, das uns bis Glückstadt begleiten wird. Am ersten Abzweig biegen wir rechts auf den Karlsbergweg in den Wald hinein.

▶ *Auf dem Via Jutlandica gibt es viel zu entdecken.*

Wir passieren einige Gehöfte und gelangen auf dem Waldweg und entlang von Feldern und Wiesen nach Niehuus, ein malerischer kleiner Ort mit vielen Reetdachhäusern. Hier sehen wir auch die Überreste der Niehuuser Burg. Von dieser sind lediglich noch ein Burghügel und zu erahnende Befestigungsanlagen übrig geblieben. Wir kreuzen den Ochsenweg, welcher im 19. Jh. ein zentraler Landweg gewesen ist. Die Route führt nun am idyllischen **Niehuuser See** 3 entlang, welchen

TOURPROFIL

Ebene Tour ohne Steigungen.

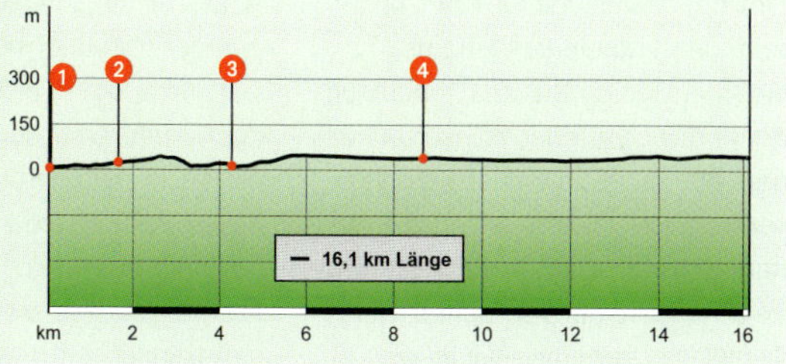

► *Blick auf den Niehuuser See.*

man auch umrunden kann. Über weite Felder wandern wir weiter in südliche Richtung und an der Weggabelungen hinter dem Berghof zunächst geradeaus und dann an der Gabelung vor den Häusern rechts.

Kurz bevor wir Harrislee erreichen, biegen wir abermals rechts ab und überqueren dann rechts die Schienen und die Landstraße L17. Harrislee ist überregional bekannt durch das Café Waldheim. Das von dem Ehepaar Lützen betriebene Café war nach der Machtübernahme der NSDAP Treffpunkt von Widerständlern im Dritten Reich. Vor allem wurde hier die Flucht unzähliger Juden nach Skandinavien organisiert. 1943 wurde das Café jedoch von der Gestapo geschlossen und das Ehepaar verhaftet. Heute befindet sich hier ein Wohnhaus. Hinter der L17 biegen wir links ab und wandern in das **Naturschutzgebiet Schäferhaus** 4, eines der schönsten in Schleswig-Holstein. Vorbei an zwei Hügelgräbern, die von der frühen Besiedlung dieser Gegend zeugen, unterqueren wir die A7 und erreichen schließlich das kleine Örtchen Handewitt, wo unsere Tour endet.

Mit dem Bus erreichen wir über Flensburg wieder unseren Ausgangspunkt in Krusau.

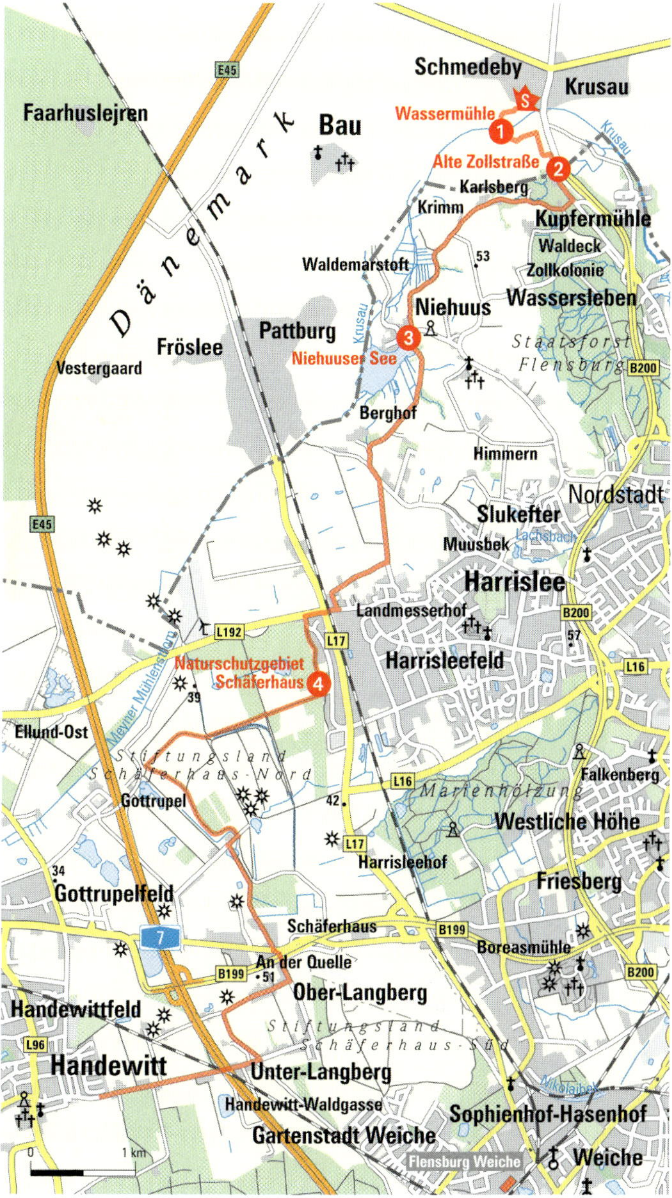
Schmedeby
Krusau
Wassermühle
Alte Zollstraße
Karlsberg
Krimm
Kupfermühle
Waldeck
Zollkolonie
Wassersleben
Faarhuslejren
Bau
Dänemark
Waldemarstoft
Niehuus
Pattburg
Fröslee
Niehuuser See
Vestergaard
Staatsforst Flensburg
Berghof
Himmern
Nordstadt
Slukefter
Muusbek
Lachsbach
Harrislee
Landmesserhof
Harrisleefeld
Naturschutzgebiet Schäferhaus
Meyner Mühlenstrom
Ellund-Ost
Stiftungsland Schäferhaus-Nord
Gottrupel
Marienhölzung
Falkenberg
Westliche Höhe
Harrisleehof
Friesberg
Gottrupelfeld
Schäferhaus
Boreasmühle
An der Quelle
Ober-Langberg
Handewittfeld
Stiftungsland Schäferhaus-Süd
Handewitt
Unter-Langberg
Handewitt-Waldgasse
Sophienhof-Hasenhof
Gartenstadt Weiche
Flensburg Weiche
Weiche
Krusau
E45
L192
L17
L16
B200
B199
L96
7
53
39
42
34
51
57
0
1 km

2 Zur Schlei bei Rieseby

TOURINFO KOMPAKT

Anspruch:	Länge:	Dauer:	Höhendifferenz:
leicht	12,9 km	3:00 Std.	64 m

Von Rieseby aus wandern wir durch die malerische Kulturlandschaft, in der die Güter Stubbe und Büstorf liegen. Am Schleiufer laden außerdem zahlreiche Badestellen zu einer Rast ein.

Ausrüstung: Feste Wanderschuhe, Sonnenschutz, ausreichend Getränke, evtl. Badesachen für einen Badepause.

Anfahrt mit dem Auto: A7 bis Ausfahrt Rendsburg, weiter über B203 bis Ausfahrt Barkelsby, dann auf der L27 nach Rieseby.

Anfahrt mit Bus & Bahn: Mit der Bahn nach Rieseby.

Ausgangspunkt: Bahnhof Rieseby 54° 32' 29" N 9° 49' 15" O

Einkehr: Am Start und Zielpunkt der Rundtour:
Riesby Krog · Dorfstraße 37 · 24354 Rieseby · Tel.: 0 43 55 / 18 17 87 · www.riesbykrog.de, regionale Frischeküche der Saison, hausgemachter Kuchen, Bistrobereich, Kaminofen, Mo Ruhetag.

Startpunkt unserer Wanderung ist am S Bahnhof von Rieseby. Von hier folgen wir ein kurzes Stück der Eckernförder Landstraße, bevor wir nach links in die Dorfstraße abbiegen. Nach wenigen Metern sehen wir bereits die **Kirche von Rieseby** 1 aufragen, die wir am Ende der Tour noch besichtigen können. Kurz vor der Kirche geht es rechts auf einem gekennzeichneten Weg in Richtung Stubbe. Nach etwa 1,5 km vorbei an blühenden Rapsfeldern und durch schattigen Buchenwald gelangen wir zum Petriholz, wo wir auf baumbewachsene, bronzezeitliche **Grabhügel** 2 treffen. Parallel zur Bahntrasse geht es schließlich weiter zum **Gut Stubbe** 3, ein von Obstbäumen umsäumter Gutshof, auf dem ein kleiner Hofladen frische Produkte zum Verkauf anbietet. Stärken kann man sich außerdem in einem netten Café mit herrlichem Blick auf die Schlei.
Anschließend geht es weiter in Richtung Westen, der Schlei entgegen. Ein aussichtsreicher Weg führt uns nun direkt am Ufer entlang und begeistert uns immer wieder mit herrlichen Ausblicken auf den Meeresarm.
Nach ca. 3 km biegen wir links ab und wandern am **Gut Büstorf** 4 vorbei Richtung Süden, bis wir die Landstraße Rieseby-Kosel erreichen.

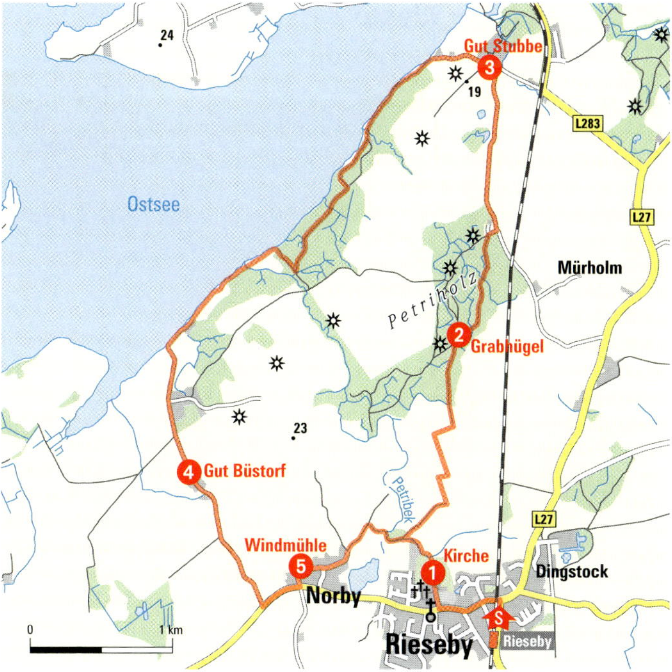

Hier halten wir uns links, gehen an der nächsten Abzweigung erneut links und gelangen wenig später in den kleinen Ort Norby. Vorbei an einer schönen, alten **Windmühle** 5 geht es schließlich, den Sportplatz passierend, zu der spätromanischen Backsteinkirche in Rieseby, die wir nun besichtigen können. Im Anschluss daran lockt der „Riesby Krog" noch zu einer gemütlichen Einkehr, ehe wir zu unserem Ausgangspunkt am Bahnhof zurückkehren.

TOURPROFIL

Ebene Strecke durch Wiesen, Wald und am Ufer der Schlei entlang.

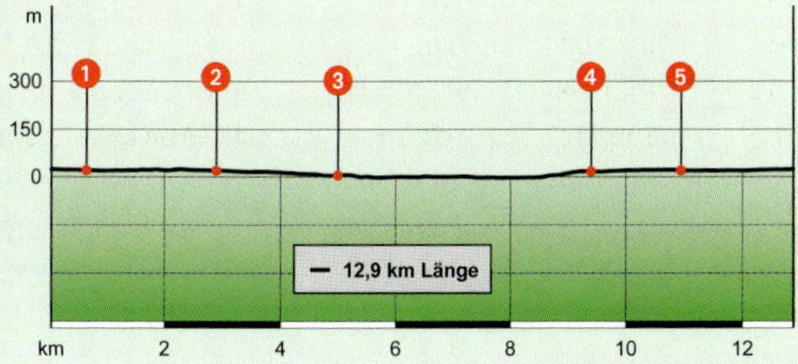

3 Der Dänische Wohld zwischen Gettorf und Eckernförde

TOURINFO KOMPAKT

Anspruch:	Länge:	Dauer:	Höhendifferenz:
schwer	23,3 km	6:30 Std.	158 m

Wir erkunden die Kulturlandschaft Dänischer Wohld. Markant an dieser Jungmoränenlandschaft auf einer Halbinsel sind vor allem die Gehölzstreifen entlang der Wege, die großen Waldstücke und die Steilküstenabschnitte.

Ausrüstung: Feste Wanderschuhe, Sonnenschutz, ausreichend Getränke und Proviant.

Anfahrt mit dem Auto: A7 und A215 bis Kiel, weiter auf der B76 bis Gettorf.

Ausgangspunkt: Bahnhof Gettorf
54° 24' 35" N 9° 58' 46" O

Einkehr: Diverse Einkehrmöglichkeiten in Eckernförde.
Unsere Empfehlung:
Domkrug · Kieler Straße 4 · 24340 Eckernförde · Tel.: 0 43 51 / 28 61 · www.domkrug.de · regionale Gaumenfreuden aus Schleswig-Holstein, Spezialitätenkarte je nach Jahreszeit, selbstgebackene Torten, Sonnenterrasse, beschauliche Atmosphäre, täglich geöffnet.

► *Altstadt von Eckernförde.*

Wir beginnen unsere Tour am S Bahnhof Gettorf. Als erstes biegen wir links ab, halten uns an der folgenden Kreuzung wieder links und überqueren die Bahnschienen. Auf der Herrenstraße wandern wir nach rechts und gelangen zur mittelalterlichen **St. Jürgen-Kirche** 1. Hinter der im 13. Jh. erbauten Kirche gehen wir auf die Hauptstraße und biegen rechts in Richtung Bornstein ab. Bei der Feuerwehr halten wir uns zunächst links und dann rechts auf der Straße Alter Graben. Dieser folgen wir bis zum Knick und wandern dann schräg links auf einen Feldweg. Zwischen idyllisch gelegenen Feldern hindurch genießen wir die Aussicht und unterqueren dann die Bundesstraße in einem kleinen Bogen. Die Wege sind von den typischen Wallhecken gesäumt, welche seit dem 18. Jh. als Flurbegrenzung gepflanzt wurden und heute nicht nur das Landschaftsbild prägen und Schatten spenden, sondern auch Lebensraum für viele Tiere sind.Wir wandern auf dem Borghorster Weg und machen einen kleinen Abstecher in den Wald Großes Holz, indem wir dem Reitweg links folgen. Anschließend gelangen wir zum **Gut Borghorst** 2, eines der schönsten barocken Herrenhäuser Schleswig-Holsteins.Hinter dem Gut biegen wir rechts ab, überqueren einen kleinen Bach, die Kronsbek-Aschau, und wechseln bei den Gehöften Krummland auf einen schmaleren Wanderweg rechts in den Wald hinein. Auf diesem bleiben wir und halten uns an der Weggabelung links, bis wir aus dem Wald gelangen und über einen Wiesenweg das **Gasthaus Lindhöfter Mühle** 3 erreichen.
Nun gehen wir ein kurzes Stück rechts an der Straße entlang und dann an der Schranke nach links und sehen auf dem Wiesenweg schon bald die Eckernförder Bucht. Im Hegenwohld verlassen wir nicht den Hauptweg und biegen dann links auf den Pfad Nr. 2 ab, welcher uns zum Ufer führt. Direkt an der Steilküste entlang genießen wir die Luft und Weite des Meeres. Auf Höhe des Campingplatzes verlassen wir den Strand und passieren den Ort Aschau. Unsere Wanderung führt uns weiter auf einem breiten Feldweg, welchen wir hinter den

TOURPROFIL

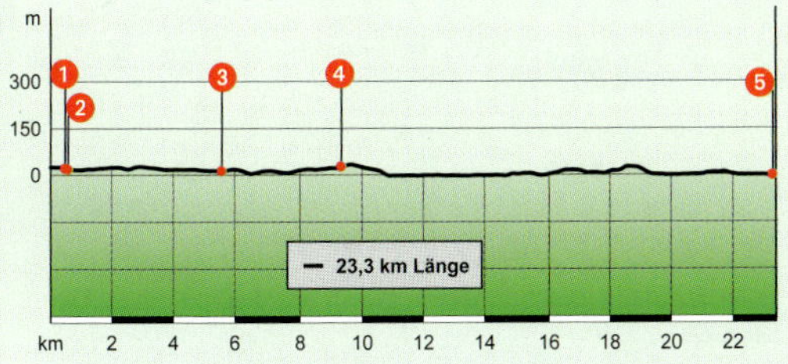

Ebene
Streckentour.

Bäumen allerdings auf einem kleinen Pfad in Richtung Strand verlassen. Wir gehen links den Strand entlang, dann gleich hinter dem Reitweg in den Wald hinein und halten uns anschließend an einer großen Buche rechts. Schließlich kommen wir wieder in Sichtweite des Strandes und wandern auf der Uferkante bis zur Straße, die über einen Radweg verfügt. An der zweiten Möglichkeit die Gleise zu überqueren, biegen wir in Eckernförde zunächst links auf die Straße

Domstag, und dann gleich rechts auf die Straße Eichborn und einen schmalen Pfad, den Höhenweg, welcher parallel zu den Gleisen verläuft. Dort wo er endet, können wir rechts zur Strandpromenade abbiegen und das Flair des Ostseebades auf uns wirken lassen. Einen kleiner Abstecher zur **Altstadt** 4 und dem Hafen von Eckernförde sollten wir unbedingt noch einplanen. Anschließend machen wir uns mit der Bahn auf den Rückweg nach Gettorf.

4 Am Bülker Leuchtturm

TOURINFO KOMPAKT

Anspruch:	Länge:	Dauer:	Höhendifferenz:
leicht	8,7 km	2:00 Std.	69 m

Diese schöne Wanderung führt uns vom Bülker Leuchtturm an der Steilküste entlang bis nach Stohl und anschließend am Strand zurück.

Ausrüstung: Wanderschuhe und evtl. Badesachen für eine Badepause.

Anfahrt mit dem Auto: A215 bis Kiel, dann B76 bis Universität und B503 bis Dänischenhagen. Anschließend nach Strande und zum Leuchtturm.

Anfahrt mit Bus & Bahn: Mit dem Zug bis Kiel, weiter mit dem Bus nach Strande.

Ausgangspunkt: Bülker Leuchtturm 54° 27′ 14″ N 10° 11′ 48″ O

Einkehr: Verschiedene Einkehrmöglichkeiten in Strande:
Unsere Empfehlung:
Strandhotel · Strandstraße 21 · 24229 Strande · Tel.: 0 43 49 / 9 17 90 · www.strandhotel.de, traditionelle, regionale Gerichte, zum Beispiel Strander Butt, Saison- und Tagesgerichte, hausgemachte Desserts und selbstgebackener Kuchen, Kamin, Wintergarten und Schirmbar im Garten mit sensationellem Blick auf die Kieler Förde, täglich geöffnet.

Unsere Wanderung beginnt am S **Bülker Leuchtturm** 1, dem ältesten Leuchtturm der Kieler Förde. Von dort folgen wir dem Weg, der auf der Wasserseite um den Leuchtturm herumführt. Zunächst können wir noch nicht direkt hinunter ans Wasser, weil der Küste hier große Steine vorgelagert sind. Wir folgen einer Rechtskurve und können dann entscheiden, ob wir zuerst unten am Strand oder oben auf der Steilküste entlangwandern möchten. Der obere Weg führt uns nun durch das kleine Waldstück **Hatzberg** 2. Immer wieder lichten sich die Bäume zu unserer Rechten und wir können aufs Meer blicken. Alle Abzweige außer Acht lassend, kommen wir bald zu einem Weg, der vom Landesinneren zum Strand hinunterführt. Hier endet der Baumbewuchs und wir steigen einen Absatz hinauf. Nun führt der Weg am Feldrand direkt an der Abbruchkante der Steilküste entlang. Hier ist Vorsicht geboten. Unser Blick reicht weit über die Ostsee. Nach einiger Zeit taucht linker Hand ein abgesperrtes Gelände mit Antennen auf. Dieses passieren wir und kommen anschließend zu einer Holztreppe, auf der wir hinunter zum Strand steigen. Nun begeben wir uns auf den Rückweg, der uns direkt am Wasser entlangführt. Wer möchte, kann sich auf die Suche nach Versteinerungen machen, die vereinzelt zu finden sind. Ansonsten genießen wir die Aussicht, die frische Seeluft und das Rauschen der Wellen. Bald sehen wir in der Ferne den Bülker Leuchtturm und laufen darauf zu. Hinter einem Gebäude, das einst dem nahegelegenen Klärwerk als Wasserabfluss diente, wenden wir uns schräg nach rechts und gelangen wieder auf den Weg, auf dem wir unsere Wanderung begonnen haben und gehen zurück zum Bülker Leuchtturm.

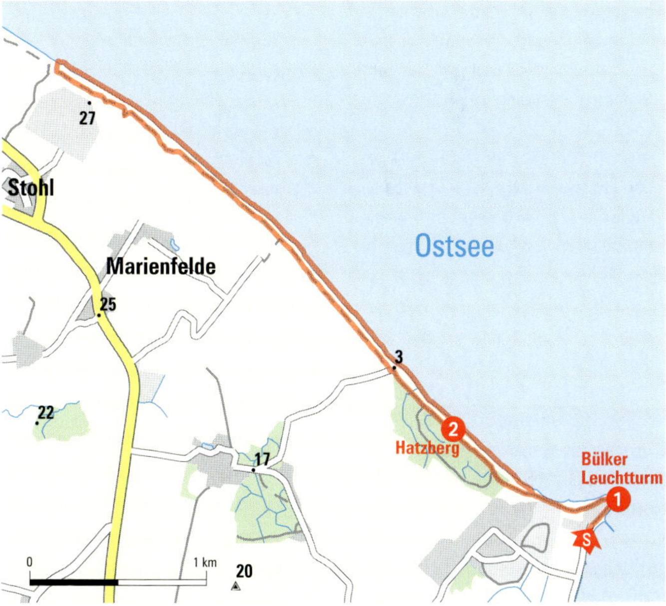

TOURPROFIL

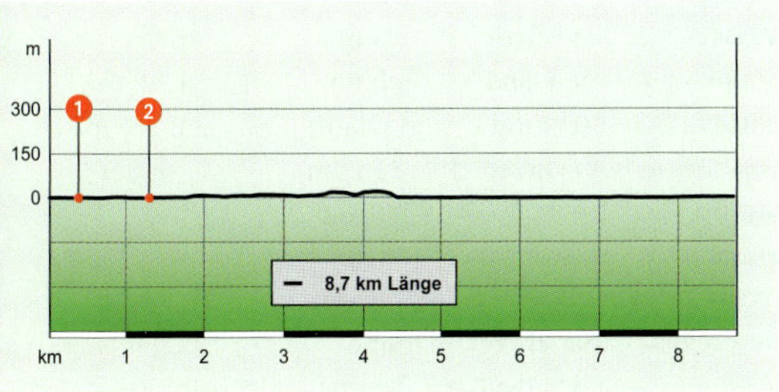

Schöner Spaziergang am Strand.

5 Nord-Ostsee-Wanderweg nach Hohenhude

TOURINFO KOMPAKT

Anspruch:	Länge:	Dauer:	Höhendifferenz:
mittel	13,5 km	3:30 Std.	171 m

Auf dieser Wandertour durch den Naturpark Westensee folgen wir dem Nord-Ostsee-Wanderweg, der auf insgesamt rund 115 km Meldendorf an der Nordsee mit Kiel an der Ostsee verbindet. Dabei haben wir über weite Strecken den Westensee im Blick.

Ausrüstung: Feste Sportschuhe, Proviant, evtl. Badesachen für Badepause.

Anfahrt mit dem Auto: A7 bis Ausfahrt Warder, weiter über die K41 und L255 nach Emkendorf.

Anfahrt mit Bus & Bahn: Mit dem Zug bis Kiel Hauptbahnhof, weiter mit dem Bus nach Gut Emkendorf.

Ausgangspunkt: Gut Emkendorf 54° 15' 44" N 9° 51' 9" O

Einkehr: Direkt am Westensee: Zum Fischmeister · Seeweg 21 · 24259 Wrohe am Westenseel · Tel.: 0 43 05 / 7 73 · www.zumfischmeister.de, bürgerliche Küche und Steakhaus, Fisch- und Wildgerichte, Torten und Gebäck aus eigener Konditorei, Mo Ruhetag.

Wir beginnen unsere Wanderung am S **Gut Emkendorf** 1. Das Gut stammt aus dem 18. Jh. und besteht aus einem imposanten Herrenhaus und mehreren Wirtschafts- und Nebengebäuden. Im großzügig angelegten Park befindet sich der **Hasensee** 2, den wir in nordöstliche Richtung vom Gut aus passieren. Oberhalb des Hasensees biegen wir nach links ab und gleich darauf nach rechts.
Nach etwa 500 m stoßen wir auf die Kreisstraße, an der wir ein Stück in südlicher Richtung entlanggehen und dann links in die Straße nach Brux abbiegen. Am Waldrand verlassen wir die Straße und folgen dem Weg nach rechts durch den Wald. Anschließend geht es zwischen Wiesen und Feldern

TOURPROFIL

Ebene Tour auf wenig bzw. unbefahrenen Wegen.

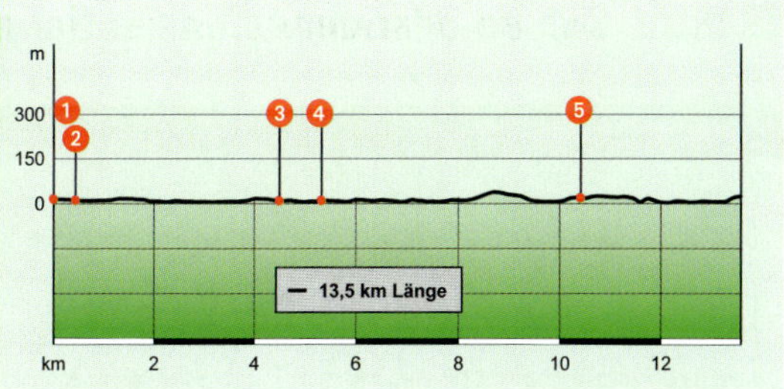

weiter in östliche Richtung, bis wir schließlich den Ort Westensee mit der **St. Katharinenkirche** ③ aus dem 13. Jh. erreichen. Ein Abstecher zum 88 m hohen Tüteberg im Süden des Ortes lohnt sich vor allem bei guter Sicht. Wir durchqueren den Ort und gelangen nun zum **Westensee** ④, wo wir eine kurze Badepause einlegen können.

Mit Blick auf den See wandern wir nun immer an diesem entlang, passieren Langniß, Eckhöft und erreichen schließlich Wrohe. Hinter Wrohe geht es wieder durch den Wald. Wir folgen dem Weg vorbei am **Kleinen Schierensee** ⑤. Oberhalb des Sees gelangen wir an den Schierenseebach, dessen Lauf wir ein Stück folgen. Nach 100 m queren wir den Bach über eine Brücke, um weiter in nördliche Richtung zu gehen.

Nun sind es nur noch einige Hundert Meter auf unserem Weg am Westensee entlang bis zu unserem Zielpunkt Hohenhude. Von Hohenhude fahren wir mit der Buslinie 620 zurück zum Gut Emkendorf. Da die Busse eher selten verkehren, am besten vorher nach den Fahrzeiten informieren.

6 Nahe Kiel an der Schwentine entlang

TOURINFO KOMPAKT

Anspruch:	Länge:	Dauer:	Höhendifferenz:
leicht	6,5 km	2:00 Std.	90 m

Diese Wanderung führt uns durch die schönen Wälder an der Schwentine entlang zum Gut Rastorf und am anderen Ufer zurück.

Ausrüstung: Festes Schuhwerk, Sonnenschutz, Proviant und Getränke für unterwegs.

Anfahrt mit dem Auto: A7 und A215 nach Kiel, weiter auf B76 bis Ausfahrt Oldenburg, dann weiter auf B202 bis zum Wanderparkplatz an der Schwentine.

Anfahrt mit Bus & Bahn: Mit dem Zug nach Kiel, weiter mit dem Zug oder Bus nach Raisdorf.

Ausgangspunkt: Wanderparkplatz an der B202
54° 16′ 50″ N 10° 15′ 52″ O

Einkehr: Am Startpunkt der Tour: Hotel Restaurant Rosenheim · Preetzer Str. 1 · 24223 Schwentinental (Stadtteil Raisdorf) · Tel.: 0 43 07 / 83 80 · www.hotel-rosenheim.de, Holsteiner Spezialitäten, täglich geöffnet.

Unsere Tour beginnt auf dem S Wanderparkplatz an der B202 zwischen Rosenfeld und Schwentinental. Wir lassen die große Brücke hinter uns und folgen dem Wanderweg in südöstliche Richtung. Zu unserer Linken fließt die Schwentine und wir betreten bald den Wald. Am nächsten Abzweig halten wir uns links und folgen der Flussschleife. Dann kommen wir zu einer **Holzbrücke** 1, die uns über einen Zulauf der Schwentine bringt. Dahinter wenden wir uns nach links. Wir wandern nun etwas oberhalb des Ufers. Nach einiger Zeit kommen wir zu einer Weggabelung. Wir gehen nach rechts und halten uns am nächsten Abzweig geradeaus. Jetzt lichtet sich der Wald und wir folgen einem breiten Weg, dessen Rand von dichtem Gestrüpp und alten Bäumen, sogenannten Knicks, bewachsen ist. Es geht zunächst leicht bergan und wenig später an einigen Gehöften und Häusern vorbei. Am zweiten Abzweig verlassen wir den Totenredder im spitzen Winkel nach links und gehen hinunter zur Schwentine. Dort überqueren wir **zwei Brücken** 2 und steigen anschließend einen kleinen Hang hinauf. Oben geht es rechts zum Gut Rastorf. Wir wenden uns jedoch nach links und folgen dem schnurgeraden Weg, der direkt auf

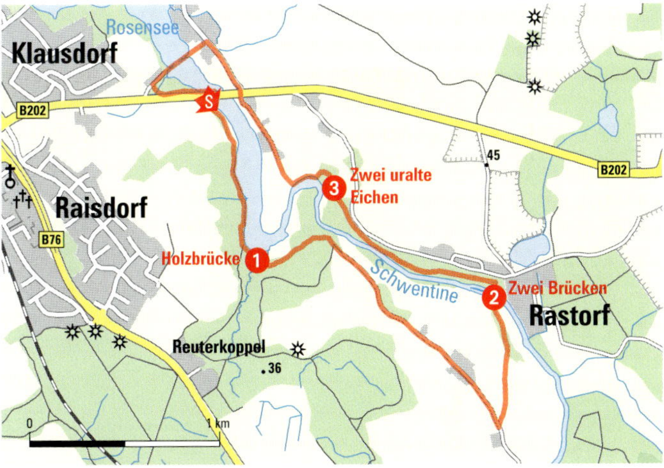

ein Denkmal zuläuft. Daran gehen wir links vorbei und wandern stets etwas oberhalb der Schwentine durch den Wald. Nach einer Weile lichtet sich zu unserer Rechten der Wald und wir erblicken auf einer Wiese **zwei uralte Eichen** ❸. Dann folgen wir einem Linksbogen durch den Wald und kommen anschließend für einen kurzen Moment noch einmal dicht ans Flussufer, ehe wir nach rechts abbiegen und die Schwentine verlassen. Der Weg mündet in die Straße Steenbarg auf der wir die B202 überqueren. Auf der Dorfstraße gehen wir nun geradeaus nach Rosenfeld und biegen hinter dem Bauernhof auf der linken Seite links in den Weg ein. Dieser führt uns hinunter zum Rosensee. Wir gehen über die Weiße Brücke, ignorieren den nächsten Abzweig nach rechts und wandern geradeaus den Rosenfelder Weg hinauf. Bevor dieser jedoch wieder zur B202 führt, wenden wir uns nach links und kehren durch den Auenwald zurück zum Wanderparkplatz.

TOURPROFIL

Ebene Tour, im Wald je nach Wetterlage evtl. morastig, daher gute Schuhe tragen.

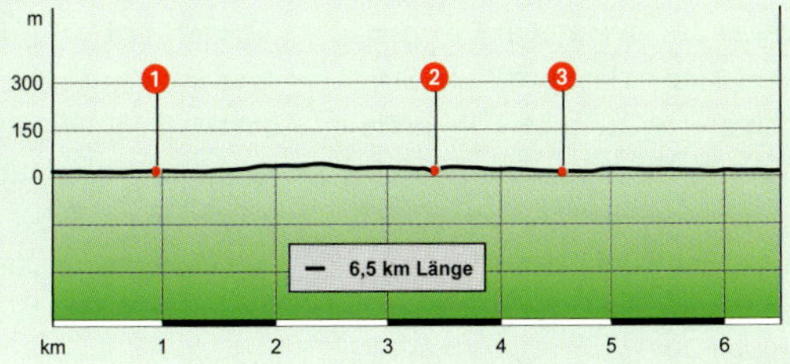

7 Zum Hessenstein

TOURINFO KOMPAKT

Anspruch:	Länge:	Dauer:	Höhendifferenz:
leicht	6,7 km	2:00 Std.	132 m

Vom Aussichtsturm Hessenstein bietet sich uns ein toller Blick über die Ostsee und die Holsteinische Schweiz. Anschließend wandern wir eine schöne Runde durch den Wald.

Ausrüstung: Feste Wanderschuhe, Sonnenschutz und Proviant.

Anfahrt mit dem Auto: A1 bis Ausfahrt Oldenburg i. H., weiter auf der B202 in Richtung Oldenburg, in Lütjenburg nach Darry, hinter dem Ort links, am Friedrichshof vorbei und beim nächsten Abzweig links zum Hessenstein.

Anfahrt mit Bus & Bahn: Mit dem Zug nach Lütjenburg, weiter mit dem Bus nach Emkendorf oder mit dem Taxi zum Hessenstein.

Ausgangspunkt: Hessenstein 54° 19' 43" N 10° 32' 48" O

Einkehr: Direkt am Hessenstein: Restaurant Forsthaus Hessenstein · Hessenstein · 24321 Panker · Tel.: 0 43 81 / 94 16 · regionale Spezialitäten, hochwertige Weine, gute Musik, denn Betreiber ist Peter Marxen (Mitbegründer des legendären Jazzlokals „Onkel Pö" in Hamburg), Tischreservierung empfehlenswert, tgl. geöffnet, Okt.–März nur Fr–So.

Unsere Wanderung beginnt auf dem S Parkplatz beim Hessenstein. Von dort gehen wir zunächst rechts am **Restaurant „Forsthaus Hessenstein"** 1 vorbei und direkt hinauf zum **Hessenstein** 2. Der Hessenstein wurde von 1839 bis 1841 im Auftrag des Landgrafen Friedrich von Hessen im neugotischen Stil errichtet. Der Turm ist 17 m hoch und kann über 111 Stufen erklommen werden. Anschließend gehen wir um den Turm herum und folgen dem Wanderweg, der am Waldrand entlangführt. Nach kurzer Zeit stoßen wir linker Hand auf eine große, alte Eiche. Hier halten wir uns rechts und wandern in den Wald hinein. In einem Rechtsbogen gelangen wir zum gegenüberliegenden Waldrand, wo wir noch einmal unseren **Blick über die Ostsee** 3 schweifen lassen können, ehe wir kehrt machen und uns dann an der Abzweigung im Wald nach rechts wenden. Auf unserem Weg in südliche Richtung passieren wir kleine Tümpel. Wir ignorieren die einfachen Abzweige, bis wir zu einem Wegstern kommen, wo wir den zweiten Weg nach

rechts nehmen. Kurz darauf geht es über einen kleinen Bachlauf und dahinter gleich links. Nun nähern wir uns dem Grundlosen See, der links von uns liegt, gelangen jedoch nicht direkt an sein Ufer. Dann folgen wir einer Linkskurve und biegen an der darauffolgenden Weggabelung nach rechts ab. In südliche Richtung geht es nun hinauf auf den **Strezerberg** 4, an dessen höchster Stelle ein Häuschen steht. Anschließend folgen wir dem Weg bergab bis zum Waldrand. Hier verlassen wir den Wald jedoch nicht, sondern gehen nach links in östliche Richtung weiter. An den folgenden Abzweigungen halten wir uns links und folgen dem Weg damit weiter geradeaus. Wenig später stoßen wir auf eine Wegkreuzung, an der wir nach links abbiegen. Nun wandern wir in nördliche Richtung weiter. Im weiteren Verlauf der Wanderung überqueren wir erneut einen kleinen Bachlauf und wenden uns am Ende des Weges nach rechts und gleich darauf nach links. Nun bietet sich ein kleiner Abstecher nach links zum **Grundlosen See** 5 an, ehe wir unseren Weg in nordwestliche Richtung oberhalb des Sees fortsetzen. Bei der nächsten Weggabelung halten wir uns rechts und gleich wieder links und stoßen nach einigen Hundert Metern auf den Weg, der uns vom Beginn der Wanderung bekannt ist. Hier geht es nach rechts, wieder an den beiden Tümpeln vorbei und zurück in Richtung Hessenstein.

TOURPROFIL

Ebene Wege durch den Wald, ein kleiner Anstieg.

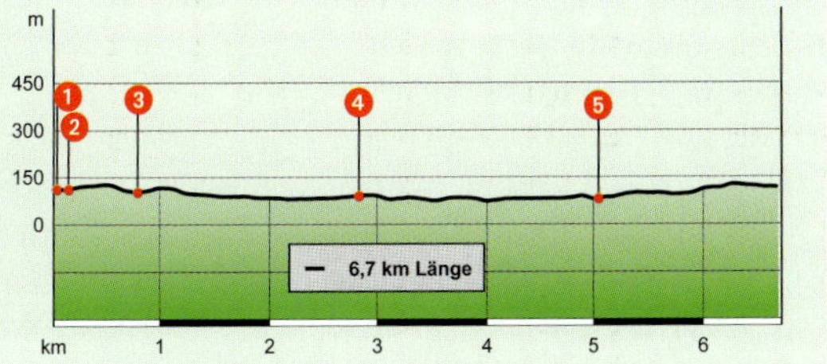

8 Von Malente um den Dieksee

TOURINFO KOMPAKT

Anspruch:	Länge:	Dauer:	Höhendifferenz:
mittel	12,4 km	3:15 Std.	139 m

Diese Wanderung führt uns um den wunderschön in der Holsteinischen Schweiz gelegenen Dieksee. Empfehlenswert ist außerdem die „Fünf-Seen-Fahrt" mit dem Schiff.

Ausrüstung: Wanderschuhe, Sonnenschutz, Badesachen, Getränke und Verpflegung.

Anfahrt mit dem Auto: A1 bis Ausfahrt 15/Eutin, auf der B76 nach Eutin, von dort weiter nach Malente.

Anfahrt mit Bus & Bahn: Mit dem Zug zum Bahnhof Bad Malente-Gremsmühlen.

Ausgangspunkt: Diekseepromenade in Malente.
54° 9' 56" N 10° 32' 54" O

Einkehr: In Timmdorf:
Landgasthof Kasch · Dorfstraße 60 · 23714 Timmdorf-Bad Malente · Tel.: 0 45 23 / 33 83 · www.landgasthof-kasch.de, abwechslungsreiche regionale Küche, Fleisch aus eigener Gallowayzucht, Mai bis Sept. tgl. geöffnet, Okt. bis April Mo und Di Ruhetag.

▶ *Malerisches Blau: der Dieksee bei Malente.*

Unsere Wanderung beginnt auf der S **Diekseepromenade** 1 in Malente. Von dort begeben wir uns zunächst in Richtung Waldgebiet Holm und gelangen an eine Freiluft-Kneippanlage am Seeufer. Die sogenannten **Spiegelteiche** 2, die wir hinter Gremsmühlen passieren, sind die Reste einer Fischbrutanstalt, die Großherzog Peter von Oldenburg um 1870 anlegen ließ, um Edelfische zu züchten. Heute können wir hier unsere Füße kühlen, bevor wir uns auf den Weg nach Niederkleveez machen.

Die Anlegestelle für die **Fünf-Seen-Fahrt** 3 befindet sich in Niederkleveez (siehe Infokasten S. 132). Über Gut Trollholm wandern wir auf einer schmalen Landzunge weiter nach Timmdorf. Wir überqueren im Ort die Eisenbahnschienen und biegen

TOURPROFIL

Wenige Höhenmeter auf wandererfreundlichen Wegen und Pfaden.

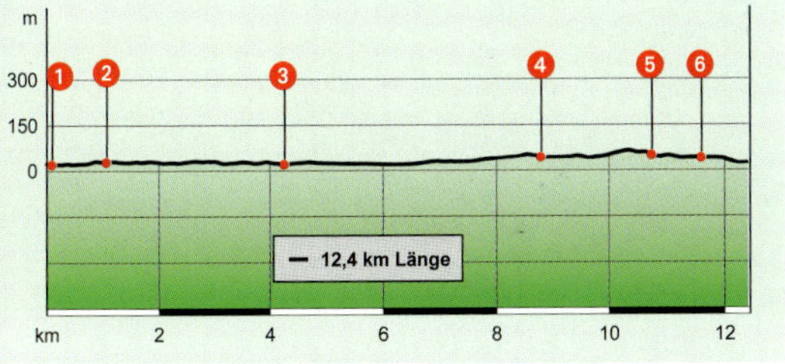

anschließend rechts ab. Immer geradeaus kommen wir am **Ferienhof Radlandsichten** ❹ vorbei, wo wir im Bauerncafé einkehren oder im hofeigenen Laden Spezialitäten aus der Region und sogar badischen Wein erwerben können. Außerdem ist es möglich, von Ostern bis Oktober samstags und sonntags nach Anmeldung den Hochseilgarten zu besuchen.

Nach einer ausgiebigen Rast wandern wir weiter und biegen rechts nach Neversfelde ab. Hinter dem Ort befindet sich auf dem Holzberg ein **Aussichtsturm** ❺, von dem wir weit in die Landschaft blicken können. Über das **Malenter Wildgehege** ❻, in dem verschiedene Wildarten gehalten werden, gelangen wir wieder zu unserem Ausgangspunkt, der Diekseepromenade, zurück.

FÜNF-SEEN-FAHRT

In Niederkleveez befindet sich der Anleger, von wo aus die „Fünf-Seen-Fahrt" startet. Wir können hier also an Bord der MS Dieksee gehen und bei der bekanntesten Schifffahrt der Holsteinischen Schweiz gemütlich über den Dieksee, Langensee, Behlersee, Höftsee und Edelbergsee schippern. Fahrplan und Informationen unter www.5-seen-fahrt.de.

► *Auch beim Zugucken schön: Die 5-Seen-Fahrt.*

Wandern | Rad | Laufen | Berge | Winter

outdooractive.com

Touren finden und planen.

Dein nächstes Abenteuer planst Du online.

→ Touren finden und eigene Touren planen (GPS-Track, 3D)

→ Informationen und Bilder zu Regionen (Europa)

→ Ausdruck als Wanderkarte

→ Beliebte Ausflugs- und Reiseziele

→ Community zum Austausch von Erfahrungen

→ Magazinbeiträge zu interessanten Outdoor-Themen

→ Alles kostenfrei nutzbar

NEU! Jetzt auch mit vielen mobilen Applikationen.

Available on the App Store +

www.outdooractive.com

Du findest uns jetzt auch auf Facebook.
www.facebook.com/outdooractive

9 Von Neustadt zum Eutiner Wasserschloss

TOURINFO KOMPAKT

Anspruch:	Länge:	Dauer:	Höhendifferenz:
schwer	24,0 km	6:00 Std.	218 m

Schöne Tour in die hügelige Jungmoränenlandschaft bis zur Seenplatte der Holsteinischen Schweiz. Die abwechslungsreiche Strecke führt uns durch seichte Weiden und Wiesen, malerische Wälder und zum Wasserschloss am Großen Eutiner See.

Ausrüstung: Feste Wanderschuhe, Sonnenschutz.

Anfahrt mit dem Auto: A1 bis Ausfahrt Neustadt i.H. Mitte, weiter in Richtung Sierksdorf.

Anfahrt mit Bus & Bahn: Mit dem Zug nach Neustadt in Holstein. Zwischen Eutin und Neustadt verkehrt regelmäßig ein Bus.

Ausgangspunkt: Bahnhof Neustadt in Holstein
54° 6' 15" N 10° 48' 29" O

Einkehr: Zahlreiche Einkehrmöglichkeiten in Eutin.
Unsere Empfehlung:
Brauhaus Eutin · Markt 11 · 23701 Eutin · Tel.: 0 45 21 / 76 67 77 · www.brauhaus-eutin.de, zünftige Fleischspezialitäten, Fisch, Vegetarisches und Jahreszeitliches, selbstgebackener Kuchen, Wintergarten und Kamin, tgl. geöffnet, Okt. bis März Di Ruhetag.

▶ *Pagodenspeicher und Stadtkirche von Neustadt.*

Unsere Tour beginnen wir am S Bahnhof von Neustadt und biegen rechts auf die Bahnhofstraße ab. Rechter Hand sehen wir im Hafen die Masten historischer Segler. Wir folgen der Markierung mit dem Weißen X und beschreiben auf der Straße Am Gogenkrog einen Bogen um den Sportplatz. Immer geradeaus gelangen wir zu einer Eisenbahnunterführung und halten uns dahinter rechts auf einem schmalen Weg. Auf dem Bahndamm gehen wir geradeaus und haben bald links und rechts von uns das Naturschutzgebiet Neustädter Binnenwasser, einen Brackwassersee mit umliegenden Salzwiesen.
Hier können wir den Blick in die Landschaft und zurück zum **Pagodenspeicher** 1 schweifen lassen. Wir verlassen den Bahndamm und folgen dem Weg, um die Autobahn zu unterqueren.
Kurz darauf gelangen wir zum **Gut Sierhagen** 2, eine ursprünglich wendische Adelsburg. Es bietet sich ein kurzer Abstecher zum Eisberg, ein jungsteinzeitlicher Grabhügel an oder wir machen eine Rast im Café Palmenhaus. Den Weg durch den

▶ *Ziel der Tour: das Eutiner Schloss.*

Gutshof und die herrschaftlichen Anlagen sollten wir uns ebenfalls nicht entgehen lassen.
Nun wandern wir auf einem herrlich ruhigen Weg nach Gömnitz und durchqueren den Ort in Richtung Holzkaten, wobei wir einen weiten Panoramablick auf die Moränenlandschaft genießen können.
In Holzkaten biegen wir an der Y-Kreuzung rechts ab und halten uns hinter Näthkamp auf dem

TOURPROFIL

Flaches Profil ohne nennenswerte Steigungen.

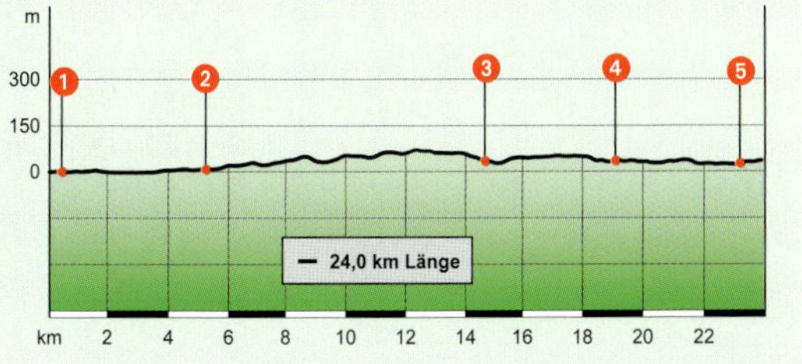

Waldweg links. An dem darauffolgendem Knick biegen wir rechts ab, können zuvor aber weitere Hügelgräber besichtigen.
Wir überqueren eine Landstraße und treffen kurz dahinter auf den **Kolksee** ③, wo wir uns an der gemütlichen Badestelle Zeit zum Entspannen und Relaxen nehmen. Der Weg führt durch den Wald und wir folgen einfach den Markierungen. An der Schäferei biegen wir rechts ab und können nun den **Großen Eutiner See** ④ sehen. Es besteht die Möglichkeit, den Rest der Strecke mit einem Fahrgastschiff zurückzulegen. Wer lieber zu Fuß weiter möchte, den erwartet eine

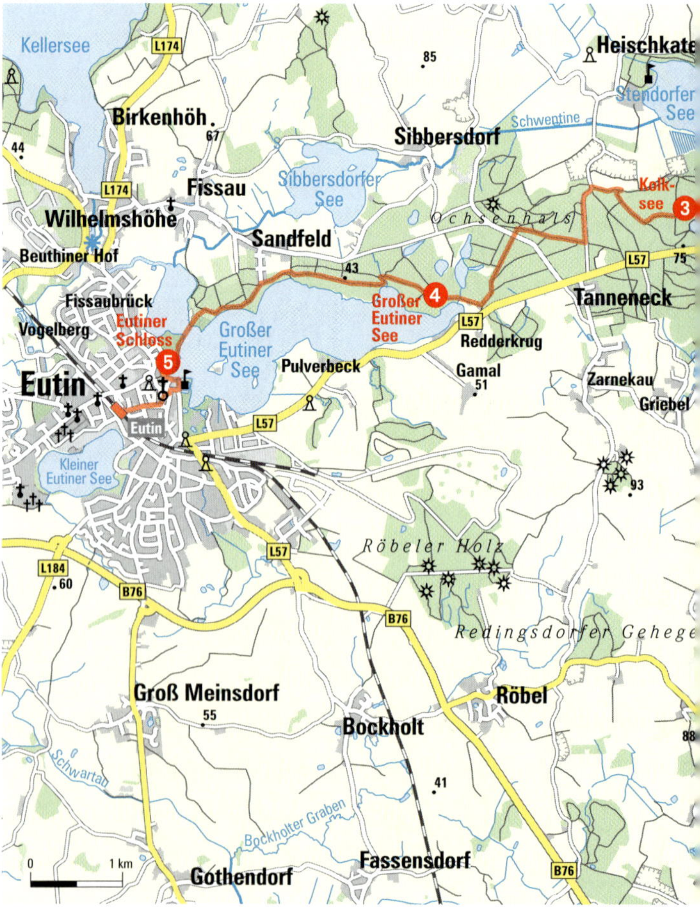

schöne Passage durch den Wald, wobei wir immer wieder einen Blick auf den See werfen können. Spätestens wenn wir auf der Brücke nach Eutin sind, sehen wir das **Eutiner Schloss** 5 und die Fasaneninsel. Um das eindrucksvolle vierflügelige Wassersschloss mit sehenswertem Landschaftspark zu erreichen, verlassen wir hinter der Brücke den markierten Weg und gehen entlang der Seepromenade. Wir beenden die Tour mit einem kleinen Stadtbummel über den Marktplatz und gelangen auf der Peterstraße zum Eutiner Bahnhof, wo wir mit dem Bus nach Neustadt zurückfahren können.

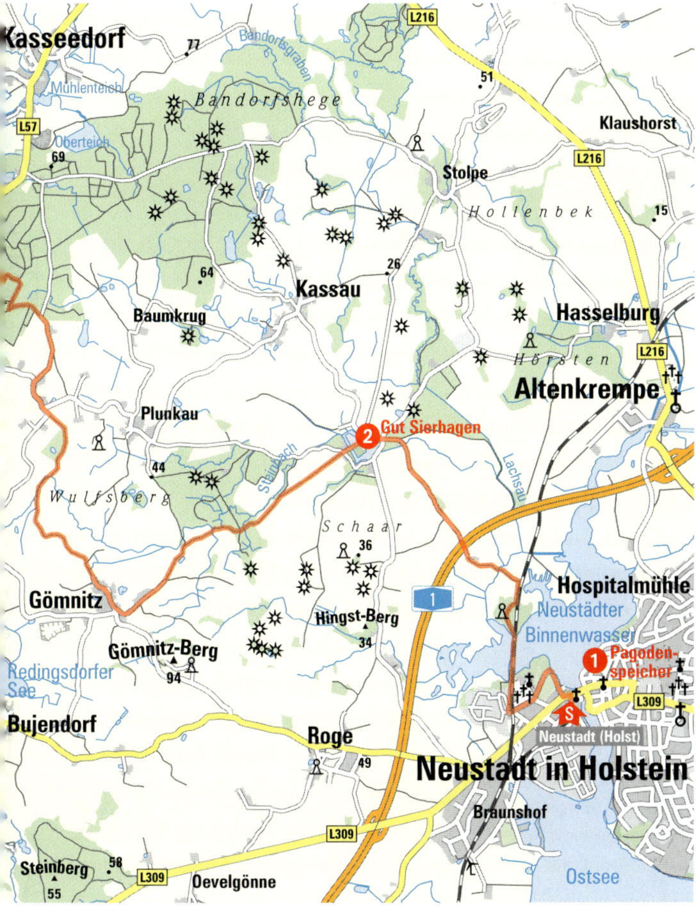

10 Naturoase Travemünde

TOURINFO KOMPAKT

Anspruch:	Länge:	Dauer:	Höhendifferenz:
leicht	6,3 km	1:30 Std.	21 m

Diese Tour bietet uns fantastische Ausblicke auf den regen Schiffsbetrieb auf der Trave. Außerdem sehen wir die Wasser- und Zugvögel auf der Pötenitzer Wiek.

Ausrüstung: Wanderschuhe, Sonnenschutz, Proviant und Getränke.

Anfahrt mit dem Auto: B75 bis Travemünde, weiter zum Anleger Priwallfähre.

Anfahrt mit Bus & Bahn: Mit dem Zug bis zum Bahnhof Lübeck-Travemünde Hafen.

Ausgangspunkt: Fähranleger Priwall
53° 57' 17" N 10° 52' 15" O

Einkehr: In Travemünde.
Unsere Empfehlung:
Restaurant Marina Travemünde · Trelleborgallee 2a · 23570 Lübeck-Travemünde · Tel.: 0 45 02 / 7 43 47 · www.marina-travemuende.de, Blick auf das Schiff Passat, Fisch und Saisonale Spezialitäten, Mo und Di Ruhetag.

Wir starten am S Fähranleger Priwall, biegen vor dem Rosenhof rechts ab und gehen am Yachthafen entlang. Hinter einem Häusertunnel kommt man in das Naturschutzgebiet „Südlicher Priwall" und hält sich dort rechts. Nach 300 m erreichen wir die **Trave** 1 und haben einen schönen Blick auf die Schiffe am Skandinavienkai. Von hier aus fahren regelmäßig Fähren nach Schweden, Finnland, Norwegen, in die baltischen Staaten und nach Russland. Direkt am Wasser geht es weiter zur **Südspitze des Priwalls** 2, von wo aus wir das Vogelschutzgebiet Pötenitzer Wiek beobachten können. An der nächsten Gabelung halten wir uns rechts und gelangen zu einem **Aussichtspunkt** 3. Unser Weg zurück führt zum Reiterhof Priwall, wo wir der Ausschilderung zur Fähre folgen. An der Mecklenburger Landstraße biegen wir rechts ab, kreuzen die Straße nach ca. 100 m und gehen durch den Wald, halten uns wieder rechts und erreichen die Straße zur Ostsee. Am Strand geht es nach links bis zum Strand von Priwall, der im Sommer Schauplatz von Sandburg-Wettbewerben ist. Entlang des Wassers gelangt man zum **Aussichtspunkt an der Trave** 4, von dem aus wir die großen Skandinavien-Fähren und dazwischen den quirligen Sportbootbetrieb der Travemündung beobachten können. Daneben liegt einer der letzten deutschen Windjammer, die **Passat** 5. Die Stadt Lübeck – einst Haupt des mächtigen Hansebundes, heute größter Ostseehafen Deutschlands – rettete das Schiff 1959 vor dem Abwracken, und stellte es unter Denkmalschutz. Bei Besichtigungstouren können wir das harte Leben der Seeleute in den vergangenen Jahrhunderten nachempfinden. Direkt am Wasser geht es von hier aus zurück zur Fähre.

▶ *Viermastbark Passat.*

TOURPROFIL

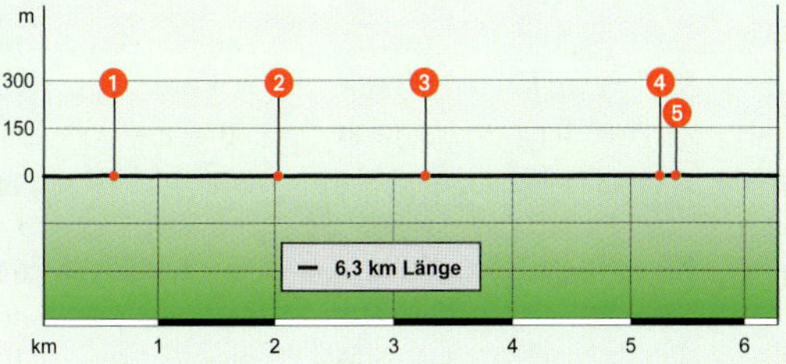

Absolut ebene Strecke, meistens Pfade und Wege.

1 Wasser- und Waldtour auf dem „RadRundUm“

TOURINFO KOMPAKT

Anspruch:	Länge:	Dauer:	Höhendifferenz:
mittel	31,4 km	2:30 Std.	198 m

Wir lassen Flensburg hinter uns, radeln durch das abwechslungsreiche Umland und erfahren viel über die natürlichen Gegebenheiten der Region.

Ausrüstung: Fahrradhelm, Sonnenschutz, ausreichend Proviant.

Anfahrt mit dem Auto: A7 bis Ausfahrt Flensburg, weiter auf B200 bis Ausfahrt B199 Richtung Flensburg-Zentrum.

Anfahrt mit Bus & Bahn: Mit dem Zug nach Flensburg.

Ausgangspunkt: Flensburger Hafenspitze
54° 47‘ 18“ N 9° 26‘ 14“ O

Einkehr: Mehrere Einkehrmöglichkeiten in Flensburg.
Unsere Empfehlung:
Restaurant Borgerforeningen · Holm 17 · 24937 Flensburg · Tel.: 04 61 / 2 33 85 · www.restaurant-borgerforeningen.de, gemütliche Gastlichkeit seit 1835, Fisch- und Fleischspezialitäten, z. B. Husumer Jungbullen Rumpsteak, täglich geöffnet.

Wir starten unsere Tour an der S Flensburger Hafenspitze und fahren in Richtung Norden an der rechten Seite des Hafens entlang. Auf der gesamten Strecke informieren uns Tafeln über die jeweiligen Besonderheiten der Region. Wir folgen dem Ballastkai und sehen zu unserer Rechten den Volkspark. Auf einer Moränenhochfläche gelegen, bietet er einen guten Aussichtspunkt über die Stadt und die Förde. Weiter auf dem Ballastkai, biegen wir nach rechts in die Straße Am Industriehafen ein. Danach fahren wir links in die Straße Am Fördeufer, die in die Förderpromenade übergeht. An deren Ende halten wir uns rechts und treffen auf die Fördestraße, der wir nach links folgen. Beim Twedter Plack führt uns links ein kleiner Weg auf den Twedter Berg. Hier folgen wir der Straße, biegen rechts in die Twedter Mark ein, um dann geradeaus in den Strandfrieden zu fahren. In der Rechtskurve radeln wir weiter geradeaus in Richtung Ufernähe und durchqueren so den Landschaftspark **Twedter Mark** 1. Auf der Straße Fahrensodde, die wenig später in den Ewoldtweg übergeht, fahren wir dann nach rechts, am Wasser entlang, weiter. Zu unserer Linken befindet sich das **Strandbad Solitüde** 2. Über den Solitüder Weg biegen wir auf Höhe des Vital Hotels Alter Meierhof nach rechts in die Straße Mittkoppel ein. Kurz vor einer scharfen Rechtskurve verlassen wir den Weg wieder und fahren nach Norden zum **Roikier-See** 3, der Teil des Landschaftschutzgebietes „Flensburger Förde" ist. Eine Infotafel informiert uns über ein versunkenes Kloster, seine Geschichte und die ökologischen Besonderheiten der Gegend. Wir umrunden den Waldsee in einem großen Bogen, kommen anschließend wieder auf die Straße Mittkoppel und fahren auf dieser ein kurzes Stück – bis zur nächsten Kurve – zurück. Dort halten wir uns geradeaus.

An der nächsten Gabelung hält man sich rechts, dann dreimal links, nochmal rechts und wieder links und gelangt so zur B199, der wir in östliche Richtung folgen. In Wees wenden wir uns nach rechts in die Straße Am Bahnhof und radeln anschließend links in die Straße Grönholm. Nach einem Linksknick biegt man zwischen den Häusern rechts auf einen kleineren Weg ab und folgt an der nächsten Gabelung dem scharf abknickenden Weg

▶ *Am Flensburger Hafen.*

nach links. Wir umrunden das **Weesrieser Gehölz** 4, verlassen den Wald nach links und treffen auf die Straße Trögelsbyhof, der wir nach links folgen. An der nächsten Kreuzung müssen wir nach rechts abbiegen und kurz darauf nochmal rechts in den Rüllschauer Weg, dem wir bis nach Tarup folgen. Wir überqueren die Landesstraße, folgen der Dorfstraße und kommen auf den Tastruper Weg, der uns nach Tastrup führt. Wer hungrig ist, kann hier im **Gasthof Tastruper Krog** 5 einkehren. Hinter dem

TOURPROFIL

Leichte Anstiege auf der ersten Hälfte, anschließend eben.

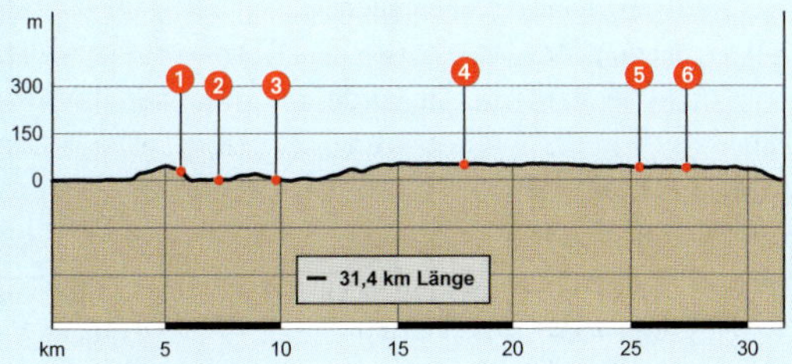

Gasthof biegen wir rechts auf die Straße Himmelberg ab. Kurz danach verlassen wir über die Straße An der Nybro die Ortschaft in Richtung Westen. Bei der nächsten Abzweigung fahren wir nach rechts in den Pielweg, der in die Ringstraße mündet. Dieser folgen wir nach rechts und biegen dann bei der nächsten Möglichkeit nach links ab. Kurz vor Sünderup unterqueren wir die Bahngleise und halten uns geradeaus. Hinter den letzten Häusern von **Sünderuphof** 6 zu unserer Rechten wenden wir uns nach rechts und folgen gleich darauf dem Weg halb links. Vor der Brücke über die breite Straße biegt man rechts ab und fährt weiter bis zur Ringstraße. Dieser folgen wir in Richtung Norden, überqueren die Landesstraße und radeln geradeaus auf der Richard-Wagner-Straße weiter. Diese verlassen wir bei der Kirche Adelby wieder nach links und queren die Osttangente über eine Brücke. Unser Weg mündet dann auf den Adelbyer Kirchenweg, dem wir bis an sein Ende folgen.
In der Innenstadt von Flensburg treffen wir dann auf die Bismarckstraße, biegen nach links und dann gleich wieder nach rechts in die Parsevalstraße ein. Diese geht wenig später in die Sankt-Jürgen-Straße über, der wir in einem weiten Linksbogen folgen, bis rechts die Kurze Straße abzweigt. Über diese kommen wir zum Hafendamm und zum Ausgangspunkt unserer Tour wieder zurück.

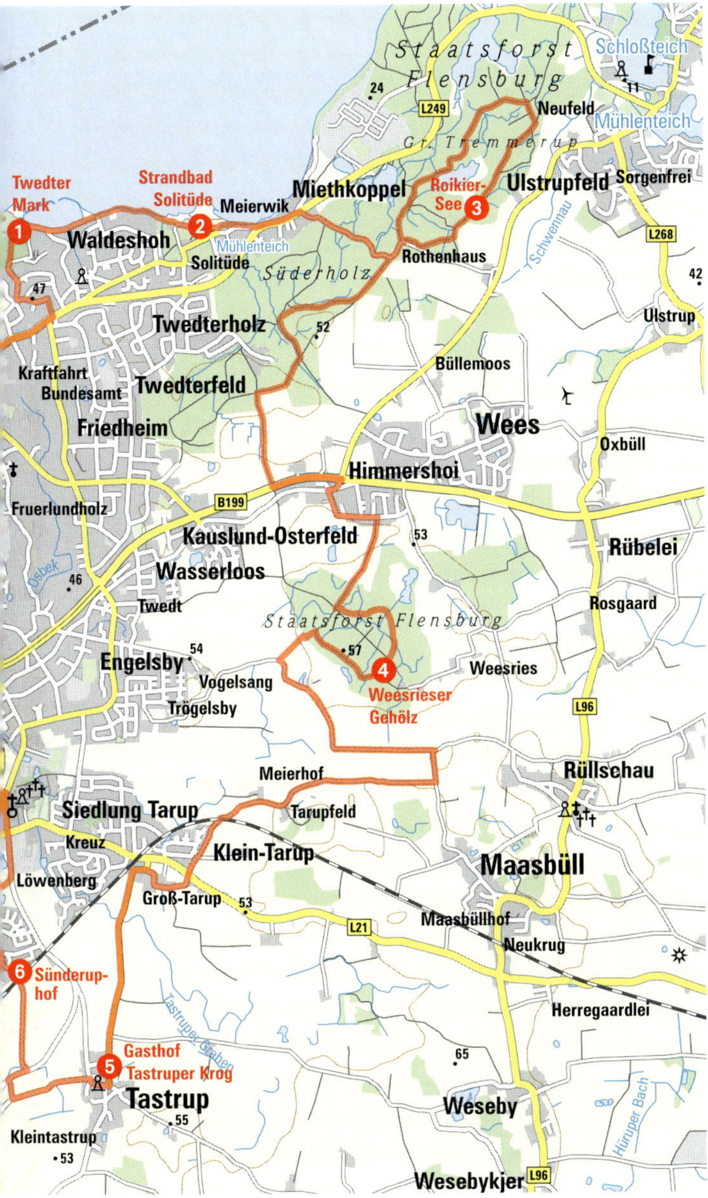
Staatsforst Flensburg
Schloßteich
Neufeld
Mühlenteich
Gr. Tremmerup
Twedter Mark
Strandbad Solitüde
Meierwik
Miethkoppel
Roikier-See
Ulstrupfeld
Sorgenfrei
Waldeshoh
Mühlenteich
Solitüde
Süderholz
Rothenhaus
Schwennau
L249
L268
Twedterholz
Ulstrup
Kraftfahrt Bundesamt
Twedterfeld
Büllemoos
Friedheim
Wees
Oxbüll
Himmershoi
Fruerlundholz
B199
Kauslund-Osterfeld
Rübelei
Wasserloos
Osbek
Twedt
Rosgaard
Staatsforst Flensburg
Engelsby
Vogelsang
Weesries
Trögelsby
Weesrieser Gehölz
L96
Meierhof
Rüllschau
Siedlung Tarup
Tarupfeld
Kreuz
Klein-Tarup
Maasbüll
Löwenberg
Groß-Tarup
L21
Maasbüllhof
Neukrug
Sünderup-hof
Herregaardlei
Tastruper Graben
Gasthof Tastruper Krog
Tastrup
Weseby
Hüruper Bach
Kleintastrup
Wesebykjer
L96

2 Geltinger BirkTörn

TOURINFO KOMPAKT

Anspruch:	Länge:	Dauer:	Höhendifferenz:
leicht	24,5 km	1:30 Std.	89 m

Diese gemütliche Rundtour führt uns durch die wilde Landschaft des Naturschutzgebiets Geltinger Birk. Mit etwas Glück können wir dabei auch Wildpferde beobachten.

Ausrüstung: Fahrradhelm, Sonnenschutz, ausreichend Getränke und Verpflegung.

Anfahrt mit dem Auto: A7 bis Ausfahrt Rendsburg/Büdelsdorf, weiter über die B203 nach Kappeln und die B199 nach Gelting.

Anfahrt mit Bus & Bahn: Mit dem Zug nach Süderbrarup, weiter mit dem Bus über Kappeln nach Gelting.

Ausgangspunkt: Touristinformation in Gelting
54° 44′ 56″ N 9° 53′ 55″ O

Einkehr: Verschiedene Einkehrmöglichkeiten in Gelting und Kronsgaard. Unsere Empfehlung:
Landkrog Gelting · Süderholm 16 · Hauptstraße 12 · 24395 Gelting · Tel.: 0 46 43 / 22 18 · www.landkrog-gelting.de, landestypische Fisch- und Fleischgerichte, preiswerte Nudelgerichte und Salatteller, Mo Ruhetag.

▶ *Das Geltinger Noor.*

Wir beginnen unsere Tour an der S Touristinformation Gelting, fahren in Richtung Norden und passieren die **St. Katharinenkirche** ①, welche eine komplett restaurierte Orgel besitzt. Gleich nachdem wir den kleinen Bach Geltinger Au überquert haben, biegen wir links ab auf die Straße Goldhöft. Wer sich allerdings für Gutshöfe interessiert, der sollte unbedingt einen kleinen Abstecher zum **Gut Gelting** ② einplanen. Dieser Gutshof, der aufgrund seiner Erscheinung auch als Schloss betitelt wird, lässt sich auf das 15. Jh. zurückdatieren und zählt damit zu den ältesten Gebäuden dieser Art in der Landschaft Angeln. Auf überwiegend flacher, asphaltierter Strecke radeln wir gemütlich weiter durch die Ortschaft Kleinnadelhöft und biegen in Goldhöft links ab. Die Abzweige sind leicht zu finden, denn der gesamte Törn ist mit speziellen Einschubschildern (blau/grünes Schild mit weißem Pferd) in das System der Kreisbeschilderung integriert und damit leicht zu finden. So gelangen wir problemlos auf den Uferweg und sehen kurz darauf die **Holländermühle Charlotte** ③. Sie markiert den Eingang zum 773 Hektar großen **Naturschutzgebiet Geltinger Birk** ④ und wurde 1824 durch den Rittmeister Hobe vom Gut Gelting errichtet.

Ihr Zweck bestand darin, Grundwasser aus den dahinterliegenden Feldern in die Ostsee zu pumpen und damit zur Entwässerung des Noores beizutragen. Heute allerdings steht sie Gästen als Ferienhaus zur Verfügung. Wir befinden uns nun auf der nordöstlichen Landspitze von Angeln und radeln entspannt

NOOR

Noore bezeichnen im Norden von Schleswig-Holstein ein von einem größeren Gewässer fast vollständig abgetrennten seeartigen Landschaftsbereich. Der Begriff leitet sich von dem dänischen Wort „Nor" ab, welches für Haff oder Bucht steht. Rund um die Schlei sind zahlreiche Noore zu finden. Am bekanntesten sind das Arnisser Noor und das Haddebyer Noor, an dem sich Haithabu, die erste mittelalterliche Stadt in Nordeuropa, befunden hat.

TOURPROFIL

Ebene Rundtour meist auf Asphalt; Sandweg durchs Naturschutzgebiet.

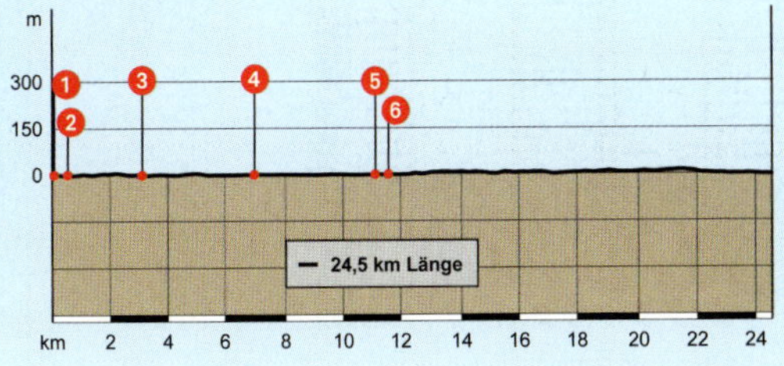

durch unberührte Natur: Links von uns erstreckt sich das Wasser der Geltinger Bucht, rechts kommen wir an Schilfsümpfen, Salzwiesen, Dünen und Seegraswiesen vorbei. Mit etwas Glück können wir sogar eine Konikherde (Wildpferde) beobachten. Die 65 Tiere werden zusammen mit Schottischen Highland-Rindern zur Landschaftspflege eingesetzt und sorgen somit für den Erhalt der sogenannten halboffenen Weidelandschaften.

Auf dem gut befestigten, nicht asphaltierten Sandweg gelangen wir an einer Naturschutzwärter-Hütte vorbei und umrunden die Spitze der Landzunge. Immer weiter geradeaus an der Küste entlang, tauchen schon bald ein paar reetgedeckte Häuser und die **Integrierten Station** 5 in Falshöft auf. Hier erfährt man alles Wissenswerte über das Naturschutzgebiet. Ein weiteres Highlight in Falshöft ist der malerische **Leuchtturm** 6. Zu den Turmöffnungszeiten können wir in 24,40 m Höhe die eindrucksvolle Panoramaaussicht auf die Ostsee und die Birk auf uns wirken lassen. Hinter dem Leuchtturm biegen wir in Seehof rechts nach Gammeldamm ab und gelangen damit auf eine asphaltierte Nebenstrecke.

Wir radeln an der T-Kreuzung nach links und ein kurzes Stück auf dem Radweg parallel zur Niebyer Straße. In Meierhof biegen wir wieder auf eine kleinere Nebenstraße, fahren durch Mühlendamm hindurch und passieren das Gut Düttenbüll. Anschließend halten wir uns auf der Dorfstraße rechts und gelangen über Langfeld nach Bobeck, wo wir die Bundesstraße B199 überqueren. Nun lädt uns noch ein kurzer Abstecher in den beschaulichen Ort Stenderup und dann fahren wir durch Grüftlingsfeld zum Ausgangspunkt unserer Tour zurück.

► *Leuchtturm Falshöft.*

Ostsee
4 Naturschutzgebiet Geltinger Birk
Geltinger Birk
Niebywesterfeld
Nieby
Falshöft
5 Integrierten Station
6 Leuchtturm Falshöft
Seehof
Gammeldamm
3 Holländermühle „Charlotte"
Basrott
Goldhöft
Nadelhöft
Meierhof
Niedamm
Klein-nadelhöft
Pommerby
2 Gut Gelting
1 St. Katharinen-kirche
S
Wattsfeld
Kattrott
Golsmaas
Haffskoppel
Gelting
B199
Breede
Geltinger Au
Bleicherfeld
Grüftlingsfeld
Bosiek
Freienwillen
Bobeck
Langfeld
B199
Stenderup
Kronsgaard
Schwensholz
Knorr-Au
Hellert
Fehrenholz
Hafferholz
Düstholz
Gundelsby
0
1 km
3
13
16
17
19
13

3 LandarztTörn

TOURINFO KOMPAKT

Anspruch:	Länge:	Dauer:	Höhendifferenz:
mittel	38,9 km	2:30 Std.	216 m

Der LandarztTörn folgt den Spuren des „Landarztes“ durch die malerischen Schleiorte und führt an verschiedenen Drehorten der beliebten ZDF-Fernsehserie vorbei.

Ausrüstung: Fahrradhelm, Sonnenschutz, ausreichend Getränke und Verpflegung.

Anfahrt mit dem Auto: A7 bis Ausfahrt Schleswig/Schuby, weiter über die B201 an Schleswig vorbei nach Süderbrarup.

Anfahrt mit Bus & Bahn: Mit der Bahn nach Süderbrarup.

Ausgangspunkt: Touristinformation in Süderbrarup
54° 38‘ 10“ N 9° 46‘ 20“ O

Einkehr: Zahlreiche Restaurants in Lindaunis, Süderbrarup und Kappeln. Unsere Empfehlung:
Hamester's Hotel-Restaurant · Bahnhofstr. 24 · 24392 Süderbrarup · Tel.: 046 41 / 9 29 10 · www.hamesters.de, feine holsteinische Küche, Di Ruhetag.

Wir beginnen unsere Tour an der S Touristinformation in Süderbrarup und fahren an der **St. Jacobi-Kirche** 1 vorbei. Auf der Mühlenstraße verlassen wir den Ort und biegen an der Beschilderung (blaues Rechteck mit Filmklappe und Haus) rechts ab. Dieser Wegweiser mit dem besonderen Symbol wurde speziell für unsere Tour aufgestellt, daher können wir ihm während der gesamten Zeit folgen.
Der durchweg ebene Weg führt uns zunächst nach Güderott, dann überqueren wir das Lindauer Noor und kommen in Boren an, wo uns die **St. Marien-Kirche** 2 aus dem 13. Jarhundert zu einem kurzen Verweilen einlädt. Die Kirche und der Friedhof sind die ersten Drehorte, die wir heute besuchen, hier wurde der erste „Film-Landarzt“ Dr. Matthiesen begraben.
Weiter geht es durch die leicht hügelige Angelner Landschaft nach Lindaunis an der Schlei. Ein kurzer Abstecher von einem Kilometer führt uns zum **Gut Lindauhof** 3, dem malerischen Anwesen, auf dem die ZDF-Serie gedreht wird. Der eingeschossige, reetgedeckte Backsteinsaalbau stammt aus dem 16. Jahrhundert und gilt als Rarität – er ist allerdings nicht öffentlich zugänglich. Nun radeln wir zurück nach Lindaunis und auf der Schlei-

► *Blick nach Kappeln.*

dörferstraße nach Grödersby. Hierbei erwarten uns herrliche Fjordblicke und ruhige Fahrradwege. Wer außerdem Lust auf ein Kuriosum etwas abseits der Strecke hat, kann von hier nach **Arnis** ④ fahren. Denn der Ort ist sowohl aufgrund der Einwohnerzahl (ca. 280) als auch angesichts der Fläche (0,45 km²) die kleinste Stadt Deutschlands. Wir fahren auf einem eigenen Weg entlang von Feldern, auf denen im Sommer der sonnig-gelbe Raps blüht, überqueren die Bahngleise und radeln zur Schleistadt Kappeln. Der Fischereiort bietet neben dem

TOURPROFIL

Überwiegend auf Radwegen und asphaltierten Nebenstrecken.

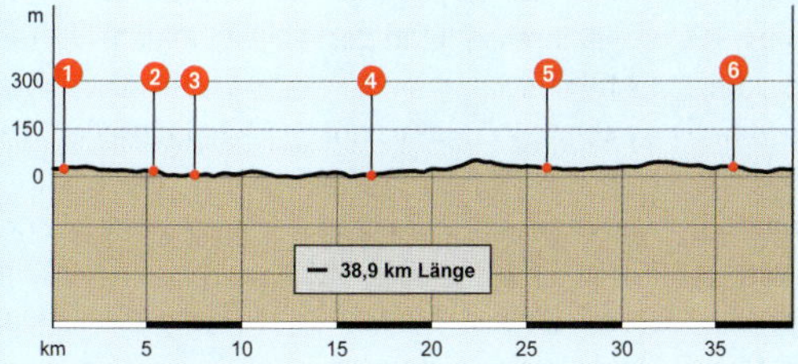

sogenannten Heringszaun, einer Art großer Reuse, und der spätbarocken St. Nicolaikirche einen schönen Museumshafen und mehrere Sportbootanlegestellen.

Nun geht es im leichten Zick-Zack-Kurs an malerischen kleinen Gehöften vorbei nach Rabenkirchen, wo sich eine romanische Feldsteinkirche aus dem 12. Jh. befindet. Der Legende nach sollen sich einst auf einem Hügel jenseits des Dorfes zwei Raben als Himmelsboten niedergelassen und somit den Bauplatz der **Marienkirche** 5 bestimmt haben. Wir fahren weiter nach Scheggerott, hier lohnt es sich erneut, die beschilderte Wegeführung zu verlassen und nach Wagersrott zum **Holländerhof** 6 zu radeln. Der bekannte Kräuterdoktor Hinnerksen aus der TV-Serie wohnt während der Dreharbeiten hier auf dem Hof. Im „wahren Leben" allerdings verbirgt sich unter dessen Reetdach

▶ *Ebenfalls ein Drehort: das Hotel Aurora („Asmussens Kneipe") in Kappeln.*

ein verwunschenes Heimatmuseum: Es beherbergt historische Maschinen sowie Gebrauchsgegenstände von Angelner Bauernhöfen. Über Saustrup oder direkt über Norderbrarup gelangen wir schließlich wieder zurück nach Süderbrarup, dem Ausgangspunkt unserer Tour.

4 Die Ludwigsburg-Tour bei Eckernförde

TOURINFO KOMPAKT

Anspruch:	Länge:	Dauer:	Höhendifferenz:
mittel	24,9 km	1:30 Std.	144 m

Zahlreiche Gutshöfe mit imposanten Herrenhäusern säumen die Landstraße. Uns erwarten aber auch endlose Küsten mit atemberaubenden Steilufern.

Ausrüstung: Fahrradhelm, Verpflegung, evtl. Badesachen.

Anfahrt mit dem Auto: A7 bis Abfahrt Rendsburg/Büdelsdorf oder von Kiel aus über die B76.

Anfahrt mit Bus & Bahn: Mit dem Zug von Kiel im Halb-Stunden-Takt.

Ausgangspunkt: Eckernförde
54° 28' 29" N 9° 50' 10" O

Einkehr: Gastronomie in Eckernförde. Unsere Empfehlung:
Hotel Siegfried-Werft · Vogelsang 12 · 24340 Eckernförde · Tel.: 0 43 51 / 7 57 70 · www.hotel-siegfried-werft.de, Spezialitäten der norddeutschen Küche, Kakabellen Bier, täglich geöffnet.

Beim S Rundsilo am Hafen geht es über die Holzbrücke und dann rechts auf den Radweg. An der Kreuzung überqueren wir die Straße und fahren rechts auf den Radweg am Wasser entlang. Auf Höhe des

▶ *Das Hotel Siegfried Werft in Eckernförde.*

▶ *Gut Hemmelmark.*

Segelclubs, hinter der Straße Letzte Pappel führt der Weg links in den Wald. An der Querstraße fahren wir links und dann den ersten Feldweg rechts. Anschließend bleiben wir auf dem Feldweg ohne abzubiegen. Prinz Heinrich von Preußen hatte hier auf **Gut Hemmelmark** ❶ seinen letzten Wohnsitz. Nach kurzem Aufenthalt radeln wir nach links zur Straße, überqueren sie und fahren rechts weiter. Nach 1,2 km biegen wir links in den Feldweg zum **Mausoleum der Hoheiten** ❷. Auf schöner Strecke radeln wir weiter in den Wald und biegen vor dem **Forsthaus Hemmelmark** ❸ links ab. Von dort geht es auf einem Feldweg ab, über eine Wiese und weiter zur Straße, wo wir rechts nach Loose abbiegen. Im Ort auf der Hauptstraße orientieren wir uns rechts in Richtung Karlsminde. An der nächsten Kreuzung geht es für uns

TOURPROFIL

Ebene Tour auf Radwegen, Nebenstrecken und kurz auf Sand.

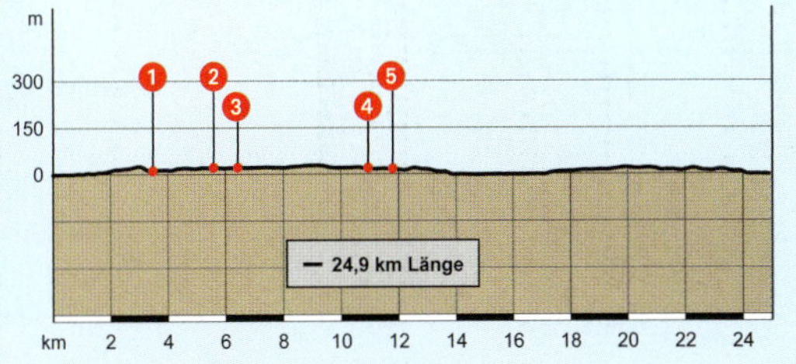

links weiter nach Ludwigsburg. Zuvor lohnt sich allerdings ein kleiner Abstecher, denn 500 m geradeaus in Richtung Karlsminde befindet sich ein großes **Megalithgrab** 4 aus der Jungsteinzeit. **Gut Ludwigsburg** 5 ist ebenfalls sehenswert und kann besichtigt werden. Wieder vor dem Torhaus, geht es noch etwa 70 m weiter in Richtung Waabs, dann fahren wir rechts in Richtung Ostseestrand. Unten angekommen, radeln wir rechts über die Campingplätze Ludwigsburg und Karlsminde. An der folgenden Querstraße auf dem Campingplatz Karlsminde

fahren wir geradeaus weiter bis zum Campingplatz Hohenstein. Kurz bevor wir dort ankommen, ist das Rad einige Meter durch den Sand zu schieben. Danach führt die Tour auf einem Weg durch Wald und Flur zum Gut Hohenstein. Wir können einfach über das Gut fahren, um über die zweite Gutsausfahrt rechts wieder zur Hauptstraße zu kommen, allerdings sollten wir dabei Rücksicht auf die Privatsphäre der Besitzer nehmen. Wir überqueren die Hauptstraße L26 und fahren links entlang der Straße auf dem Radweg geradeaus nach Eckernförde zurück.

5 Maritim-Tour durch die Probstei

TOURINFO KOMPAKT

Anspruch:	Länge:	Dauer:	Höhendifferenz:
schwer	60,3 km	3:30 Std.	214 m

Einmal rund um die Probstei: vorbei an kilometerlangen Sandstränden und idyllischen Seen, die zum Baden einladen. Uns erwarten ausgedehnte Felder, Wiesen und dazwischen die für Schleswig-Holstein typischen Knicks.

Ausrüstung: Fahrradhelm, Sonnenschutz, ausreichend Getränke und Verpflegung, Badesachen.

Anfahrt mit dem Auto: A7 und A215 nach Kiel, weiter über die B502 nach Laboe.

Anfahrt mit Bus & Bahn: Mit dem Zug nach Kiel, weiter mit dem Bus nach Laboe. Oder Förde-Fährlinie: vom Fähranleger am Kieler-Hauptbahnhof etwa eine Stunde.

Ausgangspunkt: Laboe
54° 24' 3" N 10° 13' 3" O

Einkehr: Mehrere Einkehrmöglichkeiten in Laboe.
Unsere Empfehlung:
Restaurant Landhaus Laboe · Oberdorf 7 · 24235 Laboe · Tel.: 0 43 43 / 6 08 84 · www.landhaus-laboe.de, mediterrane, maritime und heimische Spezialitäten, täglich geöffnet.

▶ *Schönberger Seebrücke.*

Der Verlauf der Maritim-Route ist durchgängig mit der Markierung blaues Segelboot auf weißem Grund gekennzeichnet und daher sehr gut erkennbar. Auf der gesamten Strecke erwartet uns ein flacher und auch für Fahrräder mit Anhänger geeigneter Untergrund.

Wir beginnen unsere Tour an der S Baltic Bay, dem großen Jachthafen von Laboe. Immer entlang der Küste verlassen wir den Ort, umrunden einen Campingplatz und radeln entlang der Steinmole in Stein zum **Museumshafen Marina Wendtorf** ❶. Hinter Stein passieren wir die Große Schleuse und folgen den malerischen Strandabschnitten Kalifornien und Brasilien, wo wir uns in die Fluten stürzen können. Nach einigen Kilometern mühelosen Dahingleitens auf ebener Fahrbahn erreichen wir die Fischerhütten am Schönberger Strand und die **Seebrücke** ❷, welche 260 m in die Ostsee hineinragt. Um die Weite des Meeres auf uns wirken lassen zu können, lohnt es sich also, vom Fahrrad abzusteigen und bis an die Spitze der Brücke zu schlendern.

Wieder im Sattel geht es weiter ins Landesinnere, doch bevor wir der Küste den Rücken kehren, kommen wir noch an dem Regionalverkehrsmuseum Museumsbahnen Schönberger Strand vorbei, wo wir historische Eisen- und Straßenbahnen besichtigen können. Das Museumsgelände ist jederzeit zugänglich, an den Wochenenden von Ende Mai bis Anfang September können wir zudem mit unterschiedlichen Bahnen mitfahren.

Wir überqueren eine Landstraße, radeln durch das idyllische Örtchen Stakendorf und fahren weiter geradeaus nach Bendfeld. Dabei können wir die weiten Blicke auf die ausgedehnten Felder und Wiesen genießen und kräftig durchatmen. In Legbank biegen wir links ab und gelangen anschließend nach Köhn. Wir bleiben hier auf der Hauptstraße, bis wir rechts auf die Pulsener Straße abbiegen und über Selkenrade nach Pülsen gelangen.

Ab hier wird die Radtour zur Seen-Fahrt, allerdings ohne dass wir uns dabei unabsichtlich nasse Füße holen. Denn es folgt die Passage entlang des **Selenter** ❸ und des kleineren **Passader Sees** ❺. Bevor

TOURPROFIL

Flacher Anstieg nach dem ersten Drittel der Tour, danach wieder eben.

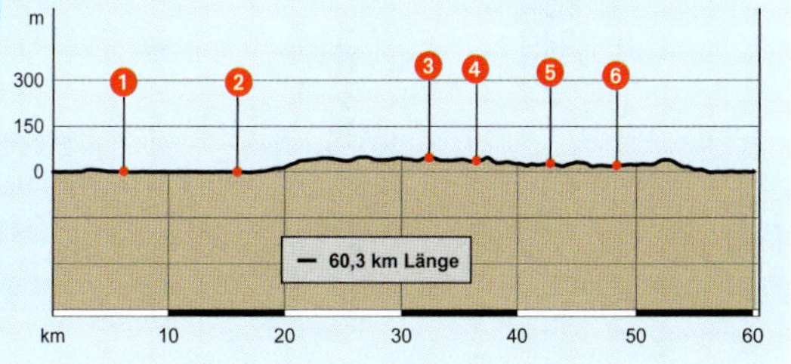

wir jedoch letzteren erreichen, lohnt sich eine kurze Pause im **Gut Salzau** ❹. Hierbei handelt es sich um einen alten Rittersitz, benannt nach dem Ritter Otto von Salzau. Heute befindet sich in dem Gebäude das Landeskulturzentrum, welches auch als Spielstätte des Schleswig-Holstein Musik Festivals und für das Festival JazzBaltica genutzt wird. Die letzte Etappe unserer Tour führt uns schließlich

an Probsteierhagen und, indem wir der Hauptstraße folgen, an den abgeschiedenen **Kasseteichen in Muxall** 6 vorbei. In Schönkirchen biegen wir rechts ab, überqueren anschließend die Bundesstraße B502 und gelangen in Heikendorf wieder an den Uferweg zurück. Diesem folgen wir direkt zum Ausgangspunkt unserer Tour oder nehmen vorher noch ein erfrischendes Bad an einer der Badestellen.

6 Die Tatort-Tour

TOURINFO KOMPAKT

Anspruch:	Länge:	Dauer:	Höhendifferenz:
mittel	43,7 km	3:00 Std.	275 m

Diese Radtour führt uns an 24 markante Drehorte des Kieler NDR Tatort. Wir begeben uns auf die Spuren von Kommissar Borowski und entdecken Kiel als Filmkulisse.

Ausrüstung: Fahrradhelm, Faltblatt von der Touristen-Info, ausreichend Getränke und Proviant.

Anfahrt mit dem Auto: A7 und A215 nach Kiel.

Anfahrt mit Bus & Bahn: Mit dem Zug zum Kieler Hauptbahnhof.

Ausgangspunkt: Kieler Hauptbahnhof 54° 18′ 57″ N 10° 7′ 58″ O

Einkehr: Zahlreiche Restaurants auf der gesamten Strecke in Kiel.
Unsere Empfehlung:
Lüneburghaus · Dänische Straße 22 · 24103 Kiel · Tel.: 04 31 / 9 82 60 00 · www.lueneburghaus.de, unter Kielern auch als „Zum Hirschen“ bekannt, Abendmenü aus saisonalen und heimischen Bioprodukten, regionale und internationale Küche, wechselnde Kunstausstellung, Tisch vorab reservieren, täglich geöffnet.

Wir beginnen unsere Tour S am „Umsteiger“ am Kieler Hauptbahnhof, wo es einen Reparaturservice und Fahrradverleih gibt. Die Tourist-Information befindet sich nur eine Straßenecke weiter im neuen Rathaus und hält Faltblätter für unsere Tatort-Tour bereit, auf denen alle Stationen mit den jeweiligen Hintergründen vermerkt sind – alternativ erhält man die Faltblätter in der Stadtgalerie sowie im Rathaus. Auf ihnen sind außerdem drei Abkürzungen ausgewiesen, mit deren Hilfe man unsere Gesamtstrecke (44 km) auf 18, 24 bzw. 38 km verkürzen kann. Wir fahren am Hauptbahnhof direkt zum Kieler Hafenbecken und überqueren es auf der **Hörnbrücke** 1. Die Brücke war Schauplatz in der Folge „Macht der Angst“, denn hier wurde ein Mann von einem Heckenschützen tödlich getroffen, woraufhin Kommisar Borowski den Projektileinschuss in einem Rettungsring entdeckt und damit die Schussbahn zurückverfolgen kann. Am Werftgelände vorbei kehren wir auf der Gablenzstraße und der Straße Sophienblatt zum Bahnhof zurück und radeln dann geradeaus bis zu einem Kreisverkehr, an dem wir uns halb rechts halten. Anschließend biegen

▶ *Kieler Schloss, Drehort der Folge „Macht der Angst".*

wir auf die Eggerstedtstraße, folgen ihrem Verlauf und gelangen zum **Schloss** ❷, wo mehrere Szenen der Folge „Macht der Angst" gespielt wurden. In Richtung Hafen biegen wir auf den Düsternbrooker Weg ab und fahren auf Höhe des Schwanenwegs rechts zur Kiellinie. Immer am Wasser entlang folgen wir dieser, bis wir auf der Straße Hindenburgufer hinter einem Fußballplatz rechts abbiegen. Nun halten wir uns erneut rechts und radeln an dem wuchtigen Backsteingebäude mit dem Portal in der **Arkonastraße** ❸ vorbei, welches in der Serie das „Polizeipräsidium" darstellt. In einem Bogen fahren wir parallel zu den Bahnschienen zur Personenfähre und setzen über den Nord-Ostsee-Kanal. Auf der Kanalstraße radeln wir zum **Tiessenkai** ❹ (Szenen in „Väter" und „Borowski und die einsamen Herzen"). Nach

TOURPROFIL

Ebene Rundtour vom Kieler Zentrum in den Norden.

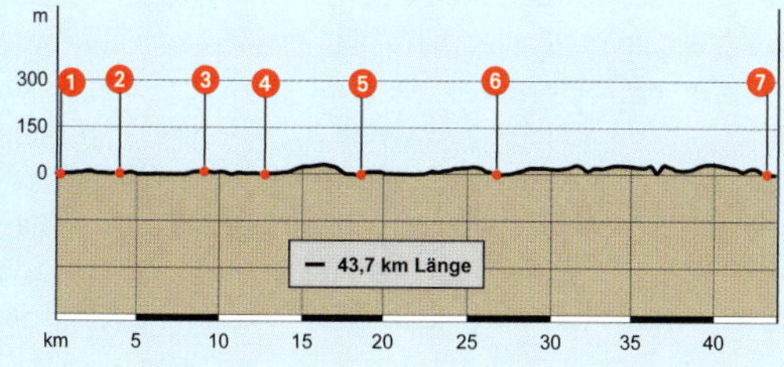

diesem Abstecher fahren wir auf der Kanalstraße zurück, passieren die Fähre und biegen dann rechts in die Gravensteiner Straße ab. Wir folgen nun der Radwegbeschilderung auf dem Ostsee-Küsten-Radweg mit dem entsprechenden Symbol und in Richtung Schilksee. Kurz nachdem der Radweg am Flughafengelände von der Schnellstraße wegführt, biegt man rechts ab und folgt dem Ziel Falckenstein. Wir fahren an der **Lindenau-Werft** 5 vorbei, welche Tatort-Drehort der Folge „Schichtwechsel" gewesen ist. Hinter dem Rechtsabbieger vom Palisadenweg bleiben wir auf der Straße und fahren unterhalb des Deiches bis zur Infotafel der Festung Friedrichsort. Ca. 100 m danach geht es vor dem Lokal „Deichperle" auf den Deich (Rad schieben) zu einem weiteren Drehort. Auf dem Rückweg folgen wir erneut der Radwegbeschilderung Ostsee-Küsten-Radweg nach Schilksee. Hier angekommen, biegen wir auf Höhe der Hochhäuser rechts in die Straße **Drachenbahn** 6. In „Borowski und die einsamen Herzen" wurden vor und in dem Wohnhaus mehrere Szenen gespielt. So hatte jemand versucht Borowski zu überfahren und es kam zum Kampf mit einer Täterin. Am Ende der Straße Drachenbahn fahren wir rechts und erreichen die Ostsee. Nach der Fahrt zwischen Olympiazentrum und dem Jachthafen biegen wir rechts ab und fahren die Fußgängerrampe hoch. An der folgenden Bushaltestelle radeln wir auf der Straße nach rechts bis zur Förderstraße und dort auf dem Radweg nach Kiel zurück. Dazu folgen wir einfach der Radwegbeschilderung mit dem Punkt für die Veloroute 1 (Ziel: Kiel-Zentrum). Wir passieren dabei noch mehrere Drehorte der Tatort-Tour, zum Beispiel den **Rathausplatz** 7, wo in „Stirb und Werde" ein Mordopfer gefunden und in „Macht der Angst" eine Zeugin bedrängt wurde.

▶ *Kieler Oper und Rathaus, Schauplatz der Folge „Stirb und Werde".*

Scharnhagen
Strande
Ostsee
Fuhlensee
Dänischenhagen
Kaltenhofer Au
Kaltenhof
Mühlenau
6 Drachenbahn
Schilksee
Schilkseer Au
Klausdorf
Brauner Berg
Laboe
Altenholz
Pries
Friedrichsort
Stift
Stifter Au
5 Lindenau-Werft
Schusterkrug
Flughafen Kiel
Heikendorf
Holtenau
Möltenort
Altheikendorf
Nord-Ostsee-Kanal
4 Tiesenkai
3 Arkonastraße
Kieler Förde
Kitzeberg
Mönkeberg
Steenbek-Projensdorf
Wik
Suchsdorf
Dietrichsdorf
Kopperpahl
Düsternbrook
Kiel
Schönkirchen
Kronshagen
Universität
Rathausplatz
7
2 Schloss
Neumühlen
Anschützsiedlung
Wellingdorf
Oppendorf
Ellerbek
Schwentine
Kiel Hbf
S
1 Hörnbrücke
Gaarden
Klausdorf
Unterstkoppel
Langsee
Schwentinental
Heidberg
B503
B502
B76
215
0
5 km

7 5-Seen-Tour

TOURINFO KOMPAKT

Anspruch:	Länge:	Dauer:	Höhendifferenz:
leicht	25,1 km	2:00 Std.	235 m

Diese Tour ist wie gemacht für Wasserliebhaber, denn sie führt vorbei an den schönsten Seen der Region. Während der Fahrradtour genießen wir den Blick auf die wunderschöne Landschaft der Holsteinischen Schweiz.

Ausrüstung: Fahrradhelm, ausreichend Getränke und Proviant.

Anfahrt mit dem Auto: A1 von Lübeck, dann B76 bis Neudorf und auf der Staatsstraße weiter bis Malente.

Anfahrt mit Bus & Bahn: Mit dem Zug bis zum Bahnhof Bad Malente.

Ausgangspunkt: Bad Malente am Pavillon des Tourismus-Service.
54° 10' 19" N 10° 33' 20" O

Einkehr: Zahlreiche Einkehrmöglichkeiten in Bad Malente.
Unsere Empfehlung:
Boots-Haus · Diekseepromenade 4 · 23714 Bad Malente · Tel.: 0 45 23 / 31 04 · www.boots-haus.de, norddeutsche Küche und landestypische Spezialitäten, hausgemachter Landhauskuchen, Seeterrasse, täglich geöffnet.

Die 5-Seen-Tour führt uns größtenteils direkt am Wasser entlang und ist aufgrund ihres normalen Schwierigkeitsgrades für Kinder ab 10 Jahren geeignet. Auf der gesamten Länge ist die Strecke mit einem speziellen Symbol (eine blaue Ente) sehr gut beschildert und daher problemlos zu finden.
Wir starten unsere Tour in Bad Malente am S Pavillon des Tourismus-Service in der Bahnhofstraße. An der Maria-Magdalena-Kirche mit ihrem neugotischen Kirchturm vorbei, beschreiben wir im Ort einen kleinen Bogen und verlassen ihn auf der Godenbergstraße, die zur Straße Hafkamp wird. Wir passieren das Wildgehege von Malente und gelangen zum ersten See der Tour, dem Dieksee. Dieser verfügt über ein **Freibad** 1 und lädt zum Baden oder Schwimmen ein. Am Ende des Sees, und damit gleichzeitig angrenzend zum Behler See, liegt die idyllische Ortschaft **Timmdorf** 2, ein heilklimatischer Kurort.
Von Timmdorf führt uns der Weg vorbei an einer reetgedeckten Schinkenräucherei, die 1788 erbaut wurde. Entlang von Feldern verlassen wir den Ort in Richtung Norden, überqueren den Bach Schmarkau und radeln am Schmark-

▶ *Malerische Aussicht: Schloss Plön.*

see vorbei. Nun fahren wir wieder nach Süden zum Gut Behl, wo eine große Milchviehwirtschaft und neue Gutskäserei zu finden sind.
Zurück am Behler See, der im Frühjahr eine Brutstätte für Sturm- und Lachmöwen ist, sehen wir die Insel Großer Warder. Weiter geht es parallel zu den Bahnschienen nach Plön und dem dritten See der Tour, dem Schöhsee. Aufgrund seiner besonderen Beschaffenheit ist dieser See einer der klarsten Seen in Schleswig-Holstein. In den Wintermonaten ist der Schöhsee ein beliebter Treffpunkt für Wasservogelarten, wie zum Beispiel Eisvögel, Seeadler und Schellenten. In der vollkommen von Seen umschlossenen Stadt Plön können wir einen Blick auf das im 17. Jh. erbaute **Schloss Plön** ③ werfen. Es ist eines der größten Schlösser von Schleswig-Holstein, diente ehemals

TOURPROFIL

Zumeist befestigte Wege, auf kurzen Abschnitten auch Kieselwege.

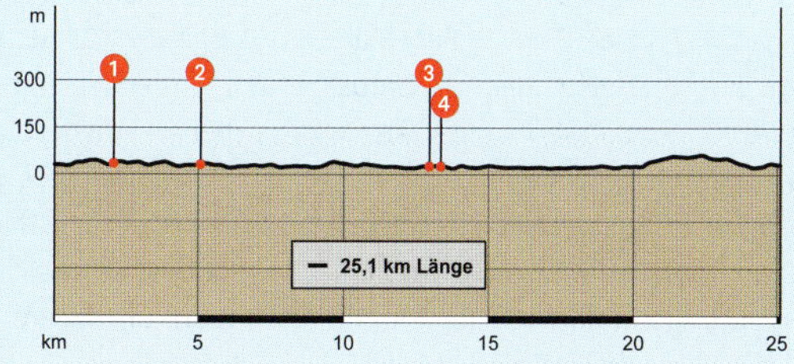

▶ *Viel Wasser und Wald erwarten uns auf der 5-Seen-Tour.*

als Kadettenschule und Internat und wird heute von der Fielmann Akademie als öffentliche Bildungsstätte verwendet. Diese bietet nach Voranmeldung kostenfreie geführte Rundgänge durch das malerisch gelegene Kulturdenkmal an. Danach geht es entlang des Großen Plöner Sees, dem größten und tiefsten See in Schleswig-Holstein, weiter zur anderen Seite des Behler Sees. Überall sehen wir nun kleinere Teiche und Seen, auf unserer rechten Seite befindet sich zum Beispiel der Suhrer See und das umliegende Naturschutzgebiet. Wer sich einen Überblick über die Landschaft verschaffen möchte, dem empfiehlt sich daher der **Aussichtsturm** 4 am Großen Plöner See. Wir radeln an der Badestelle Adlerhorst vorbei und erreichen in Niederkleveez wieder den Dieksee, diesmal auf der gegenüberliegenden Seite. Hier bietet es sich an, noch einmal nach Timmdorf hinüberzuschauen, denn wir verlassen schon bald das Ufer des Sees, um rechts in den Staatsforst Eutin einzubiegen. Hinter dem Wald halten wir uns links und gelangen so nach Malente, dem Ausgangspunkt unserer Tour, zurück.

8 Zwischen Burgen und Häfen auf Fehmarn

TOURINFO KOMPAKT

Anspruch:	Länge:	Dauer:	Höhendifferenz:
leicht	25,1 km	1:30 Std.	86 m

Auf dieser Tour erkunden wir die Ostseite der Insel Fehmarn. Sie führt uns an die Häfen und Strände der Küste, zu beschaulichen Dörfern im Inselinneren und zu einer Burgruine.

Ausrüstung: Fahrradhelm, ausreichend Getränke und Verpflegung, evtl. Badesachen.

Anfahrt mit dem Auto: A1 bis Oldenburg in Holstein, weiter auf der B20 und B207 nach Fehmarn.

Anfahrt mit Bus & Bahn: Mit dem Zug nach Puttgarden.

Ausgangspunkt: Schule in Puttgarden 54° 29' 33" N 11° 12' 40" O

Einkehr: Verschiedene Gaststätten in Burg.
Unsere Empfehlung:
Landhaus Kröger · Breite Straße 10 · 23769 Burg auf Fehmarn · Tel.: 0 43 71 / 67 53 · www.landhaus-kroeger.de, gutbürgerliche Küche und Fischspezialitäten, Jan. und Feb. Betriebsferien, Nov.–April Mo Ruhetag, sonst täglich geöffnet.

Wir beginnen unsere Tour über die Insel Fehmarn an der S Schule in Puttgarden. In östliche Richtung fahren wir aus dem Ort und unterqueren schon kurz darauf die Bundesstraße und die Schienen, welche zum Fährhafen führen. Hinter den Schienen fahren wir jedoch rechts nach Marienleuchte. Im Ort schlängelt sich der Weg zur Ostsee und auf der linken Seite sehen wir einen Leuchtturm. Nun erstreckt sich vor uns die Weite des Meeres. Direkt am Strand entlang radeln wir weiter oder können uns zwischendurch kurz in die Fluten stürzen. Am **Presener Deich** 1 können wir auf dem asphaltierten Deckwerk entlangfahren. Nachdem wir Presen passiert haben, endet der Uferweg an einem kleinen Parkplatz und wir biegen dort rechts ab. Allerdings nicht ohne vorher einen Blick auf die beginnende Steilküste zu werfen.
Wir folgen der Strecke am Klingen-Berg (15 m ü. NN) und einer Windparkanlage vorbei und radeln dann rechts nach Klausdorf. Im Ort halten wir uns links und fahren dann immer geradeaus bis zu einer T-Kreuzung, an der wir links abbiegen. Anschließend gelangen wir nach Gahlendorf, fahren an den

▶ *Radfahren auf Fehmarn ist ein Vergnügen für Jung und Alt.*

Häusern vorbei und biegen an der ersten Möglichkeit rechts ab. Nach einem kurzen Stück biegen wir erneut rechts ab und beschreiben einen kleinen Bogen in Vitzdorf. Wir verlassen den Ort in Richtung Burg, radeln allerdings sogleich wieder links, um Sahrensdorf zu durchqueren. Auf der Straße Sahrensdorf gelangen wir zum Burger Binnensee, von hier aus ist ein kurzer Abstecher zur **Burgruine Glambeck** 2 unbedingt zu empfehlen. Die Burg, von der nur noch die Grundmauern des Turms stehen, wurde im 13. Jh. erbaut und im Dreißigjährigen Krieg von den Truppen Tillys zerstört. 1908 wurde das Burggelände wieder freigelegt, wobei man Waffen, Münzen und Ringe gefunden hat. In Burgstaaken, auf der gegenüberliegenden Seite des Burger Binnensees, ist ein **Segel- und Jachthafen** 3 zu besichtigen und wir können Fisch direkt von den einlaufenden Kuttern kaufen. Hinter

TOURPROFIL

Wenig befahrene Nebenstrecken, Rad- und Kieswege.

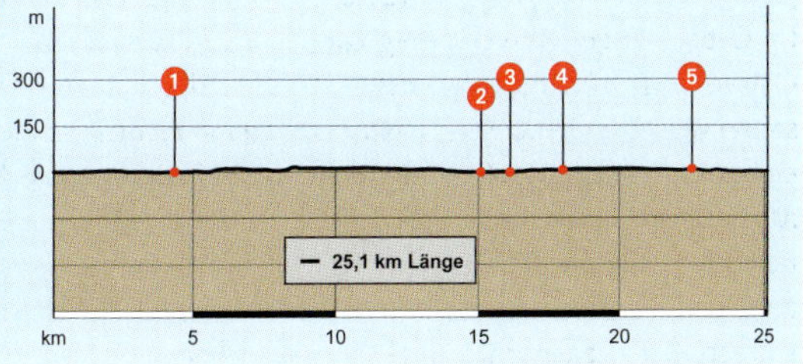

dem Hafenbecken halten wir uns halb links und fahren auf dem alten Bahndamm der ehemaligen Inselbahn, auf dem heute ein schöner Kieselweg angelegt ist, nach Burg. Die Inselmetropole beeindruckt mit ihrer historischen **Altstadt** 4, in der neben dem Rathaus auch die St. Nikolai-Kirche mit einem Blasiusaltar aus dem 16. Jh. zu sehen ist. Am neuen Bahnhof von Burg vorbei folgen wir der Straße Am Steinkamp und biegen rechts in die Gorch-Fock-Straße ein. An deren Ende kreuzen wir den Niendorfer Weg und fahren auf dem Radweg nach Norden in Richtung Puttgarden. Stetig geradeaus fahren wir durch Niendorf. Hinter dem Ort lohnt sich ein Abstecher nach Bannesdorf, wo die **St. Johannis-Kirche** 5 dem Grundriss des Ratzeburger Doms nachgebaut wurde.

Zurück auf unserer Tour überqueren wir die Bundesstraße und die Schienen. Nun ist es nur noch ein kurzes Stück, bis wir zum Ausgangspunkt der heutigen Radwanderung zurückgelangen.

FEHMARN

Die Ostseeinsel Fehmarn lockt mit 2.000 Sonnenstunden im Jahr und 17 Stränden jede Menge Urlauber und Wassersportler ins Land. Vor allem das Erholungsangebot des Heilbades Burg erfreut sich dabei großer Beliebtheit. Dabei hat sich die Insel ihren eigenen Charme bewahrt: Beispielsweise wird ein Kuchen nicht vorgeschnitten, sondern jeder schneidet sich maßvoll sein Stück selber ab. Familien mit Kindern schätzen besonders die Möglichkeit „Ferien auf dem Bauernhof" zu machen. Dank der Fehmarnsundbrücke ist die Insel bequem zu erreichen.

► *Das Burger Rathaus.*

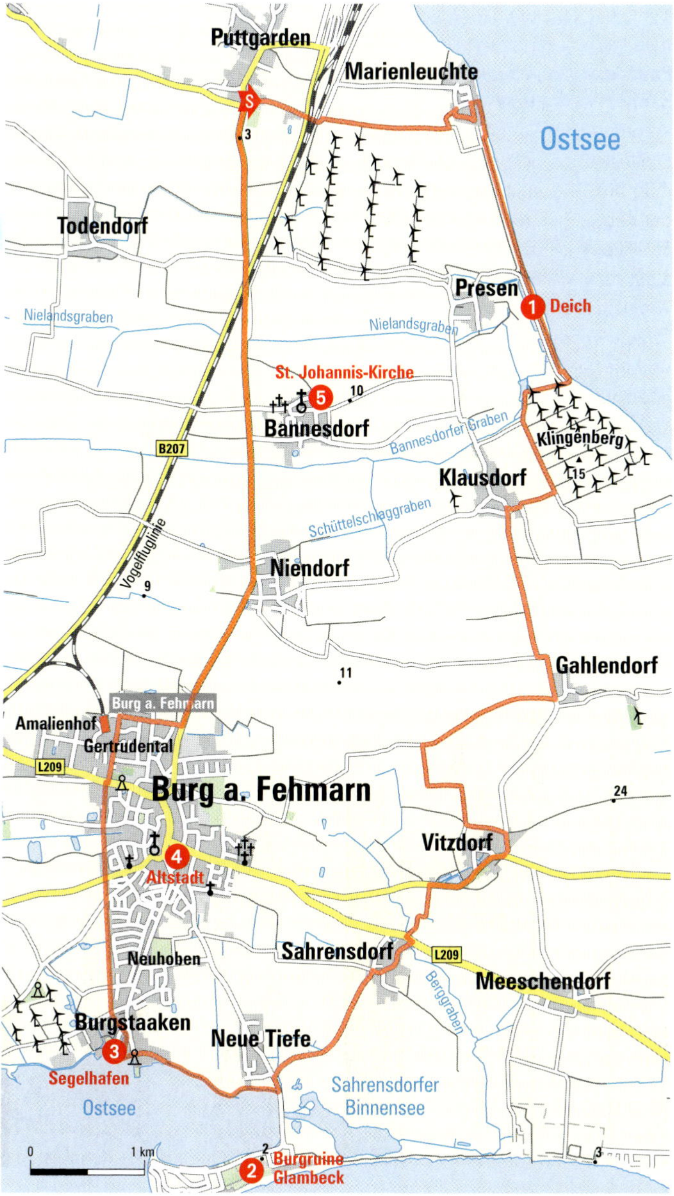
Puttgarden
Marienleuchte
Ostsee
S
3
Todendorf
Presen
1 Deich
Nielandsgraben
Nielandsgraben
St. Johannis-Kirche
5
10
Bannesdorf
Bannesdorfer Graben
Klingenberg
B207
Klausdorf
15
Schüttelschlaggraben
Vogelfluglinie
Niendorf
9
Gahlendorf
11
Burg a. Fehmarn
Amalienhof
Gertrudental
L209
Burg a. Fehmarn
24
Vitzdorf
4
Altstadt
Sahrensdorf
L209
Neuhoben
Berggraben
Meeschendorf
Burgstaaken
Neue Tiefe
3
Segelhafen
Sahrensdorfer Binnensee
Ostsee
0
1 km
2
2 Burgruine Glambeck
3

9 OstseeFerienLand KulTour

TOURINFO KOMPAKT

Anspruch:	Länge:	Dauer:	Höhendifferenz:
schwer	59,4 km	3:00 Std.	208 m

Die KulTour ist eine von insgesamt vier Fahrrad-Themenrouten durch das OstseeFerienLand nördlich von Lübeck. Wir radeln auf abgelegenen Wegen durch weite Landschaften und spüren der Kulturgeschichte der Region nach.

Ausrüstung: Fahrradhelm, ausreichend Getränke und Verpflegung.

Anfahrt mit dem Auto: A1 bis Ausfahrt 12 Lensahn in Richtung Cismar, weiter auf der L58 nach Lensahn.

Anfahrt mit Bus & Bahn: Mit dem Zug direkt nach Lensahn.

Ausgangspunkt: Ortsmitte Lensahn
54° 13' 11" N 10° 52' 60" O

Einkehr: Verschiedene Einkehrmöglichkeiten entlang des Wegs.
Unsere Empfehlung:
Restaurant Passat · Strandpromenade 1 · 23764 Kellenhusen · Tel.: 0 43 64 / 86 79 · www.restaurant-passat.de, saisonale Spezialitäten, maritime Küche , täglich geöffnet.

Wir beginnen die Tour in S Lensahn. Nachdem wir rechts abgebogen sind, lohnt sich gleich zu Beginn der Tour ein Besuch im **Museumshof Lensahn** 1. Denn hier werden historische Geräte und Verfahren der Landwirtschaft präsentiert und die zahlreichen Tiere des Hofs freuen sich über einen Besuch.
Wir überqueren die Schienen, halten uns dann am zweiten Abzweig rechts und fahren auf dem Manhagener Weg unter der Autobahn hindurch. Immer geradeaus radeln wir durch Manhagen, halten uns im Ort zwei Mal links und biegen an der Kreuzung am Waldrand außerhalb des Ortes rechts ab. Hinter Bökenberg gelangen wir durch ein kurzes Waldstück und fahren in Schwienhagen links. Wir folgen dem Straßenverlauf bis Kattenberg, wo wir rechts abbiegen und erneut in ein Waldstück gelangen. Wenn wir auf abwechslungsreichen Wegen die Bundesstraße B501 erreichen, biegen wir links ab und fahren auf dem Fahrradweg an der rechten Fahrbahnseite.
Kurz darauf radeln wir durch den Ort Cismar, wo das ehemalige **Benediktiner-Kloster** 2 besichtigt werden kann. Die zweitgrößte Klosteranlage Schleswig-Holsteins zählt nicht nur zu den herausragendsten Bauleistungen der Backsteingo-

▶ *Besonders am Strand macht das OstseeFerienLand seinem Namen alle Ehre.*

tik und besitzt einen der ältesten Flügelaltäre der Kunstgeschichte, sondern hat zudem eine Reihe bildender und schreibender Künstler in ihre nähere Umgebung gelockt.
Wir bleiben auf dem Radweg an der Bundesstraße, bis wir in Grönwohldshorst rechts auf den Kroneichenweg abbiegen.
Direkt nachdem wir den Staatsforst Kellenhusen einmal durchquert haben, halten wir uns links und fahren an der Waldkante bis nach Kellenhusen. Wir passieren den Ort und radeln wieder in den Staatsforst mit Wildschweingehege und tausendjährigen Eichen hinein.
Nach einem kurzen Stück verlassen wir den Wald erneut, indem wir zwischen Feldern nach Vogelsang fahren. In Deichhof halten wir uns rechts und erreichen schon bald den **Leuchtturm Dahmeshöved** 3. Der 28,8 m hohe Turm ist das Wahrzeichen von Dahme und wurde 1878 an der Steilküste zur Orientierung für die Schifffahrt gebaut.
Nun können wir auf dem Weg an der Küste den Blick aufs Meer genießen und fahren zum Ort Dahme,

TOURPROFIL

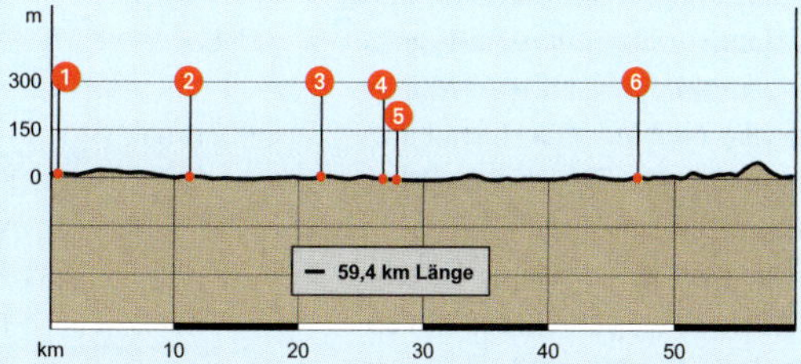

Schöne Tour auf ebener Strecke.

welchen wir auf dem Gruber Weg wieder verlassen. Rechts von uns sehen wir nun den **Gruber See-Koog** 4, ein ehemaliges Seegebiet mit einzigartiger Flora und Fauna und mit 3,8 m unter Null die tiefste Stelle der Region.

Eine kurze Pause bietet sich im **Dorfmuseum Grube** 5 an, wo ein originalgetreues Schlafzimmer um 1900, ein typisches Schulklassenzimmer und viel über das alltägliche Leben und Arbeiten in der Kulturlandschaft gezeigt wird.

Nahe des Dorfes haben wir im Matzenkoog-Naturerlebnisraum die einmalige Gelegenheit, seltene Vogelarten wie den Eisvogel, Fischadler, Graureiher oder Kraniche zu beobachten.

Auf ebener Strecke fahren wir ohne größere Anstrengung durch den Ort Quaal und dann an dem Gutshof Koselau vorbei. Um Sebent bietet sich ein Abstecher zu verschiedenen Hünen-Hügelgräbern aus der Jungsteinzeit an. Hinter dem Ort überqueren wir die Autobahn, radeln aber nur kurz an den Bahnschienen entlang und wechseln dann wieder unter der Autobahn auf die andere Seite. Schließlich gelangen wir nach Oldenburg, den nördlichsten Punkt unserer Rundtour. Im Ort können wir sowohl die St. Johannis-Kirche, eine der ältesten Backsteinkirchen Nordeuropas, als auch den **Oldenburger Wall** 6 besichtigen. Die Reste einer slawischen und später holsteinischen Burganlage zählen zu den bedeutendsten archäologischen Denkmälern in Schleswig-Holstein. Wir biegen an der Schuhstraße in Oldenburg rechts ab, fahren geradeaus auf die Neustädter Straße

und verlassen diese auf einem kleinen Nebenweg, um die Autobahn zu unterqueren. Nun geht es in südliche Richtung durch Lübbersdorf, Sipsdorf und Petersdorf, wobei wir mehrere Guts- und Teichanlagen passieren, zurück nach Lensahn, dem Ausgangspunkt unserer Tour.

10 Auf dem Treidelpfad zur Herreninsel

TOURINFO KOMPAKT

Anspruch:	Länge:	Dauer:	Höhendifferenz:
leicht	22,3 km	1:30 Std.	131 m

Das Lübecker Umland macht dank wundervoller Landschaft, wenig Steigungen und ruhiger Nebenstraßen kurze oder längere Radausflüge zum Genuss. Uns erwartet eine Tour entlang des alten Treidelpfades am Südufer der Trave zur Herreninsel und weiter nach Travemünde.

Ausrüstung: Fahrradhelm und Proviant.

Anfahrt mit dem Auto: A1 bis Lübeck.

Anfahrt mit Bus & Bahn: Mit dem Zug zum Hauptbahnhof Lübeck.

Ausgangspunkt: Lübeck Burgtor
53° 52' 25" N 10° 41' 27" O

Einkehr: Zahlreiche Einkehrmöglichkeiten in Lübeck.
Unsere Empfehlung:
Das kleine Restaurant Lübeck · An der Untertrave 39 · 23552 Lübeck · Tel.: 04 51 / 70 59 59 · www.daskleinerestaurantluebeck.de, regionale Spezialitäten, Candle Light Dinner, So Ruhetag.

▶ *Das Lübecker Burgtor mit Stadtmauer.*

▶ *Die unter Denkmalschutz stehende Viermastbark Passat.*

Wir beginnen unsere Tour am **S** **Burgtor 1**. Dieses wurde 1444 im spätgotischen Stil erbaut und besitzt heute vier Durchlässe. Wie auch das Holstentor ist es Teil der Lübecker Stadtbefestigung – von den ehemals vier Toren sind nur noch diese zwei erhalten. Zunächst folgen wir der Travemünder Allee bis zur Bahnbrücke, dort biegen wir links in den Glashüttenweg ab und fahren dann den Torneiweg entlang. Wir gelangen auf die Straße An der Hülshorst. An deren Enden folgen wir einem breiten Waldweg in den Schellbruch und erreichen den Treidelpfad, der bis zum romantischen **Fischerdorf Gothmund 2** etwas schwierig zu befahren ist. Beim Treideln wurden Schiffe von Land aus mit reiner Muskelkraft stromaufwärts gezogen. Ohne diese wichtige

TOURPROFIL

Abwechslungsreiche Tour auf ebener Strecke.

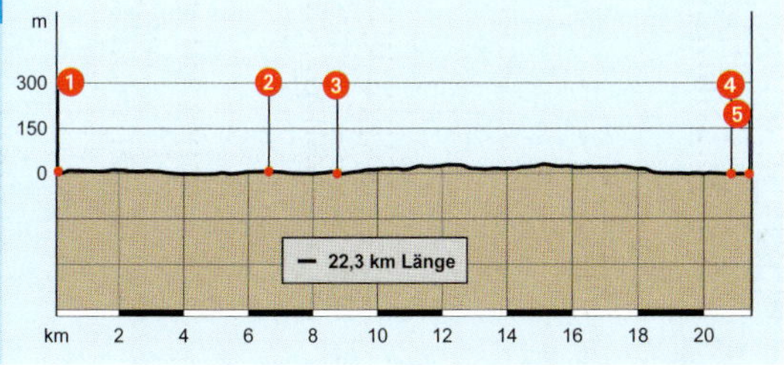

Technik wäre vor Entwicklung der Ketten-, Seil- und Dampfschifffahrt die Binnenschifffahrt undenkbar gewesen. Daher markiert der Treidelpfad ein bedeutendes Stück heimatlicher Kulturgeschichte. Wir schieben die Fahrräder auf dem Fischerweg oder radeln den Pfad an der oberen Hangkante entlang bis zum Dorfende. Nun biegen wir in den Gothmunder Weg, folgen dem Wanderweg und halten uns im Wald links – zwischen Traveufer und Spülfeld erreichen wir auf einem Schotterweg den am 26. August 2005 eröffneten **Herrentunnel** 3. Hier ersetzt ein Bus-Shuttle rund um die Uhr den Fuß- und Radweg. Alle 10–15 Minuten bringt uns der Bus kostenfrei und sicher durch den Tunnel, nachts gibt es eine Rufbereitschaft. Danach biegen wir am Fußgängerüberweg Kieselgrund links ab und fahren nach ca. 350 m

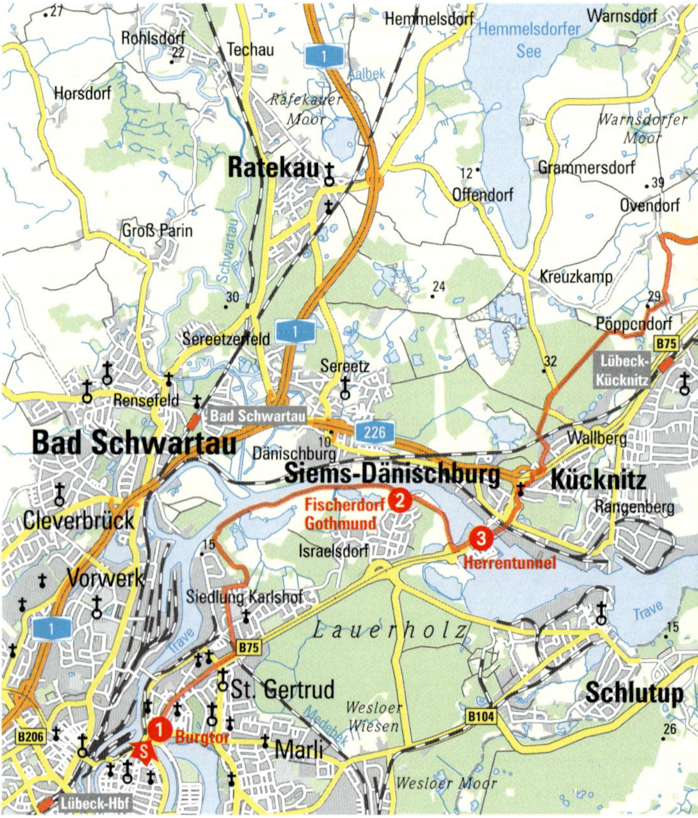

unter der B75 hindurch. An der darauffolgenden Straßenkreuzung radeln wir geradeaus, über einen Bahnübergang und nach 100 m halbrechts. Wir gelangen an eine Straßengabelung, fahren an ihr geradeaus und dann auf einem etwas schlechter befahrbaren Weg in Richtung Pöppendorf. Dort biegen wir links in die Pöppendorfer Hauptstraße ab und radeln am Ortseingang von Ovendorf rechts in die Ovendorfer Straße. In Ivendorf fahren wir vor dem Dorfteich links in den Frankenkrogweg, anschließend links in die Ivendorfer Landstraße, der wir bis zum Teutendorfer Weg folgen. Über die Bahngleise biegen wir links in die Travemünder Landstraße ab. Man folgt nun der Torstraße und hält sich dann rechts, um in die Kirchenstraße abzubiegen. Schließlich erreichen wir den Fährplatz und gelangen in die Vorderreihe. Auf ihr bleiben wir und kommen in ihrer Verlängerung hinter den **Anlegern für Fahrgastschiffe** ❹ auf der Travepromenade direkt zum **Ostseestrand** ❺, wo wir uns herrlich erfrischen können. Zurück geht es dann mit dem Zug. Vom Bahnhof Lübeck-Travemünde Strand verkehrt stündlich ein Zug zum Lübecker Hauptbahnhof.

DIE TRAVE

Der Lauf der Trave beginnt bei einem kleinen von Sitzbänken umgebenen Quelltümpel in Gießelrade, gerade einmal 124 km von ihrer Mündung in die Ostsee entfernt. Durch die Gletscher der letzten Eiszeit entstand der tiefe Einschnitt der Trave, welche seit dem Ende der Eiszeit durch die Traveförde mit der Ostsee verbunden ist. Historische Bedeutung erlangte der kleine Fluss, da sein Unterlauf die Landesgrenze zu Mecklenburg-Vorpommern markiert und so zu Zeiten der innerdeutschen Teilung Grenzfluss war. Die beiden Ufer, die heute mühelos mit der Fähre zu erreichen sind, waren damals durch „Welten" geteilt.

10 Wandertouren 10 Radwandertouren

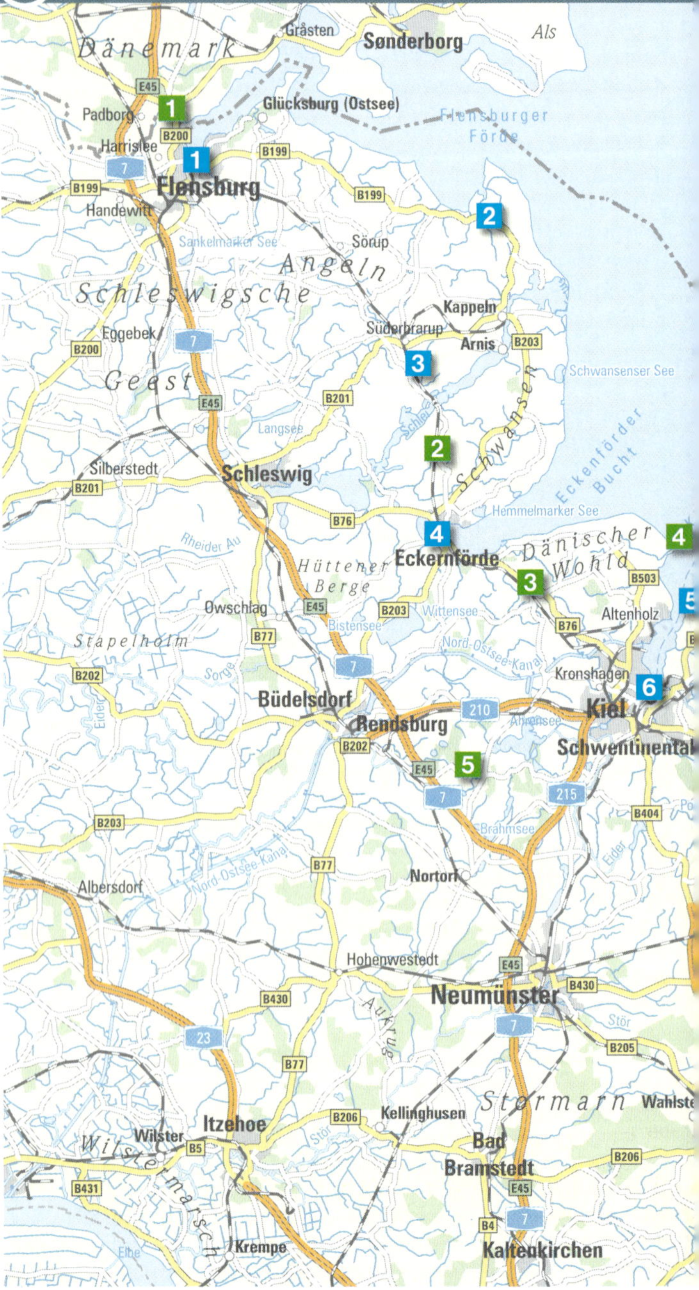

Bredholm Strynø
Ærø
Langeland
Langelands-Bælt
Vejlø
Stotø
Nakskov
Lolland
Marstal Bugt
Rødby
E47
Ostsee
Fehmarn-Belt
Kieler Bucht
Nördlicher Binnensee
Puttgarden
Fastensee
8
Fehmarn
Sulsdorfer Wiek
B207
Burg
Heiligenhafen
Großenbrode
Passader See
7
Selenter See
B202
Lütjenburg
Oldenburg in Holstein
Wagrien
Lensahn
9
Dahme
B430
B76
Malente
Kellersee
Plön
Eutin
1
B501
Grömitz
Lübecker Bucht
Bischofswerder
Gr. Plöner See
Neustadt in Holstein
Damsdorf
Wismarbucht
Scharbeutz
B432
Timmendorfer Strand
Boltenhagen
Klützer Winkel
Klütz
Wardersee
Ratekau
10
B75
Bad Schwartau
20
B206
226
Dassower See
Dassow
0
10 km
B104
B105
Stockelsdorf
Schönberg
Grevesmühlen
Lübeck
Lauenburg
B207
E22

PUBLICPRESS
der verlag mit der sonne

Ihre Karten für die Region:

ISBN 978-3-89920-637-1
€ 4,99

ISBN 978-3-89920-138-3
€ 5,99

ISBN 978-3-89920-424-7
€ 5,99

ISBN 978-3-89920-424-7
€ 7,99

ISBN 978-3-89920-192-5
€ 12,99

ISBN 978-3-89920-249-6
€ 9,99

Mehr als 600 Kartentitel ...

Erlebnisführer

Holstein, Ostseeküste	ISBN 978-3-89920-015-7	€ 4,99
Mecklenburgische Ostseeküste	ISBN 978-3-89920-042-3	€ 4,99
Schleswig, Ostseeküste	ISBN 978-3-89920-036-2	€ 4,99

Rad- und Wanderkarten

Fehmarn – Ostholstein	ISBN 978-3-89920-365-3	€ 5,99
Kiel und Umgebung	ISBN 978-3-89920-183-3	€ 5,99
Lübecker Bucht	ISBN 978-3-89920-375-2	€ 5,99
Naturpark Aukrug – Naturpark Westensee	ISBN 978-3-89920-239-7	€ 5,99
Naturpark Holsteinische Schweiz	ISBN 978-3-89920-184-0	€ 5,99

Radwanderkarte

Lübeck – Herzogtum Lauenburg	ISBN 978-3-89920-140-6	€ 5,99
Schleswig – Flensburg – Rendsburg	ISBN 978-3-89920-119-2	€ 5,99

Foto: Niendorf, Sandra Olschewski

www.publicpress.de

PUBLICPRESS
der verlag mit der sonne

3in1-Reiseführer:

Allgäu	ISBN 978-3-89920-999-0	€ 11,99
Altmühltal und Fränkisches Seenland	ISBN 978-3-89920-806-1	€ 11,99
Bayerisches Oberland – Zw. München & Zugspitze	ISBN 978-3-89920-811-5	€ 11,99
Bergisches Land	ISBN 978-3-89920-822-1	€ 11,99
Biosphärenreservat Bliesgau	ISBN 978-3-89920-810-8	€ 11,99
Biosphärenreservat Mittelelbe	ISBN 978-3-89920-832-0	€ 11,99
Bodensee	ISBN 978-3-89920-991-4	€ 11,99
Chiemgau – Berchtesgadener Land	ISBN 978-3-89920-990-7	€ 11,99
Eifel	ISBN 978-3-89920-997-6	€ 11,99
Erzgebirge	ISBN 978-3-89920-824-5	€ 11,99
Gardasee	ISBN 978-3-89920-992-1	€ 11,99
Harz	ISBN 978-3-89920-998-3	€ 11,99
Höxter	ISBN 978-3-89920-933-7	€ 11,99
Lüneburger Heide	ISBN 978-3-89920-827-6	€ 11,99
Mallorca	ISBN 978-3-89920-995-2	€ 11,99
Nordseeküste – Niedersachsen	ISBN 978-3-89920-812-2	€ 11,99
Odenwald	ISBN 978-3-89920-817-7	€ 11,99
Ostseeküste – Mecklenburg-Vorpommern	ISBN 978-3-89920-996-9	€ 11,99
Ostseeküste – Schleswig-Holstein	ISBN 978-3-89920-804-7	€ 11,99
Pfalz	ISBN 978-3-89920-803-0	€ 11,99
Rhön	ISBN 978-3-89920-818-4	€ 11,99
Sächsische Schweiz – Elbsandsteingebirge	ISBN 978-3-89920-801-6	€ 11,99
Sauerland	ISBN 978-3-89920-993-8	€ 11,99
Schwäbische Alb	ISBN 978-3-89920-805-4	€ 11,99
Schwarzwald	ISBN 978-3-89920-994-5	€ 11,99
Spessart	ISBN 978-3-89920-841-2	€ 11,99
Vogelsberg & Wetterau	ISBN 978-3-89920-839-9	€ 11,99
Weserbergland	ISBN 978-3-89920-807-8	€ 11,99

Wanderführer:

Abenteuer Moselsteig	ISBN 978-3-89920-831-3	€ 13,99
Abenteuer Eifelsteig	ISBN 978-3-89920-837-5	€ 13,99
Abenteuer Saar-Hunsrück-Steig	ISBN 978-3-89920-842-9	€ 14,99
Abenteuer Soonwaldsteig	ISBN 978-3-89920-819-1	€ 13,99
Unterwegs auf den Traumpfaden	ISBN 978-3-89920-838-2	€ 13,99
Unterwegs im Traumschleifenland 1	ISBN 978-3-89920-829-0	€ 13,99
Unterwegs im Traumschleifenland 2	ISBN 978-3-89920-830-6	€ 13,99
Unterwegs im Traumschleifenland 3	ISBN 978-3-89920-835-1	€ 13,99
Unterwegs im Traumschleifenland 4	ISBN 978-3-89920-836-8	€ 13,99
Wanderland Harz	ISBN 978-3-89920-813-9	€ 13,99
Wanderland Saarland	ISBN 978-3-89920-814-6	€ 13,99
Wanderland Sauerland	ISBN 978-3-89920-828-3	€ 13,99
Wandern links und rechts d. Deutschen Weinstraße	ISBN 978-3-89920-821-4	€ 13,99
Wein-Wandern in Deutschland	ISBN 978-3-89920-820-7	€ 13,99

Ihre Freizeitführer

Radtourenführer:

Berlin	ISBN 978-3-89920-816-0	€ 13,99
München und Umgebung	ISBN 978-3-89920-815-3	€ 13,99
Die schönsten Radfernwege in Baden-Württemberg	ISBN 978-3-89920-826-9	€ 11,99
Die schönsten Radfernwege in Bayern	ISBN 978-3-89920-823-8	€ 11,99
Die schönsten Radfernwege in Deutschland	ISBN 978-3-89920-809-2	€ 11,99
Die schönsten Radfernwege in Nordrhein-Westfalen	ISBN 978-3-89920-840-5	€ 11,99

www.publicpress.de

Idylle im Flensburger Hafen.

Bildnachweis

Titelbild: Schönberger Seebrücke
Foto: Tourist-Service Ostseebad Schönberg
5-Seen-Fahrt 132
Axel Nickolaus 29
Claudia Glose 6, 10, 12, 14, 90, 96, 101
Damp Touristik GmbH 57
Eckernförde Touristik 56, 118, 152
Flensburg Fjord Tourismus GmbH 14, 52, 141, 150
Henry Weidemann 4, 6, 18, 23, 24, 26, 33, 69
Integrierte Station Geltinger Birk 44
Kiel-Marketing e.V. 32, 161
Kiel-Marketing e.V./Eva Zeiske 162
Kurbetrieb Dahme 110
Kurbetrieb Kellenhusen 173
Landeshauptstadt Kiel/ Bodo Quante 31
LTM (Lübeck und Travemünde Marketing GmbH)/Hans Weding Müller 102, 139
LTM/Torsten Krüger 176
Matthias Stiel 177
Ostseefjord Schlei GmbH/ Henrik Matzen 46, 55, 149, Rücks.
Per Köster/Touristinformation Eutin 87, 135
Projekt Fjordregion 44, 36, 144, 146, Klappe vorne
Rolf Matzen 113
Sandra Fischer 1, 17, 21, 34, 70
Silke Goes Aktivregion HAO 59, 153
Stefan Schäfer 186/187
Timmendorfer Strand-Niendorf Tourismus GmbH 105
Tourist Info Großer Plöner See 82, 165
Tourismus-Service Fehmarn 90
Tourismus-Service Fehmarn, Stefan Sobotta 170
Tourismus-Service Fehmarn, Thomas Nyfeler 93, 167, 169
Tourist-Information Glücksburg/ GLC AG 41, 42
Tourismus-Service Heiligenhafen 81
Tourismus-Service Malente/GLC AG; www.bad-malente.de 130, 166
Tourismus-Service Neustadt-Pelzerhaken-Rettin 106, 134
Tourist-Service Ostseebad Schönberg 156
Weissenhäuser Strand 78
Wiebke Böckmann 15, 28, 64
Wolfgang Juers 114
Wolfgang Schneider 73
www.groemitz.de 109

© 2016 PUBLICPRESS Publikationsgesellschaft mbH, Geseke
ALPSTEIN Tourismus GmbH & Co. KG, Immenstadt

Projektleitung: Heinz Nettsträter, Felix Schädler
Autorin: Sandra Fischer
Redaktion: Sandra Olschewski, Sebastian Hellmann,
PUBLICPRESS Publikationsgesellschaft mbH
Thilo Kreier, Cornelia Grömminger, ALPSTEIN Tourismus GmbH & Co. KG
Kartographie/Copyright: ALPSTEIN Tourismus GmbH & Co. KG
Kartengrundlage: ALPSTEIN Tourismus GmbH & Co. KG
Geoinformation © Vermessungsverwaltungen der Bundesländer und BKG (www.bkg.bund.de)
Bildnachweis: Seite 191
Gestaltung: Ingo Mrozek, PUBLICPRESS Publikationsgesellschaft mbH

Der Reiseführer Ostseeküste Schleswig-Holstein ist eine Gemeinschaftsproduktion der PUBLICPRESS Publikationsgesellschaft mbH, 59590 Geseke und der ALPSTEIN Tourismus GmbH & Co. KG, 87509 Immenstadt.
Alle Angaben dieses Reiseführers wurden von der Autorin und den Redaktionen mit größter Sorgfalt recherchiert, aktualisiert und überprüft. Für die Richtigkeit der Angaben kann jedoch keine Verpflichtung oder Haftung übernommen werden. Wir weisen darauf hin, dass diese Angaben häufig Veränderungen unterworfen sind und inhaltliche Fehler oder Auslassungen nicht vollkommen auszuschließen sind.

Das Werk einschließlich aller seiner Teile ist urheberrechtlich geschützt. Jegliche Verwertung, Vervielfältigung, Wiedergabe, Übersetzung, Mikroverfilmung und Verarbeitung in elektronischen Systemen, auch in Auszügen, ist ohne Zustimmung des Verlages unzulässig und strafbar.

Liebe Leserinnen, liebe Leser,
haben Sie Ergänzungen, Tipps oder Verbesserungsvorschläge zu diesem Buch? Dann schreiben Sie uns bitte:

PUBLICPRESS Publikationsgesellschaft mbH,
Redaktion, Mühlenstraße 11, 59590 Geseke
Internet: www.publicpress.de, E-Mail: reisefuehrer@publicpress.de

Printed in Germany
1. Auflage 2014, überprüfter Nachdruck 2016, ISBN 978-3-89920-804-7

Interessenten für Anzeigen wenden sich an: PUBLICPRESS Publikationsgesellschaft mbH, Tel. 0 29 42 / 9 88 70-16, info@publicpress.de